아가(雅歌) 주해

나의 사랑, 나의 어여쁜 자야

My darling, My beautiful one

김 윤 수 지음

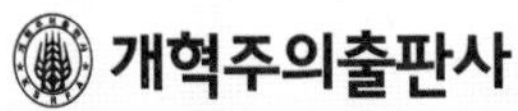

개혁주의출판사

본 출판사의 정체성 및 연혁 근간(根幹)

본 출판사의 전신(前身)은 「개혁주의신행협회(改革主義信行協會)」이다. 1957년 1월 7일, 고려신학교(고신대 전신)에서 당시 본교 학장 박윤선 박사를 주축으로 5명의 교수 및 선교사들에 의해 창립되었다. '개혁주의'는 '칼빈주의'-'보수주의' 곧 '성경주의'와 맥을 같이한다. 이 주의 사상대로 믿고(信), 행하는(行) 것을 이념으로 삼되 이를 찬동하는 자는 교파(교단)를 초월하여 누구나 회원으로 가입하여 함께 협력해 왔다.

회원은 목사와 신학교 교수들로 최고 70명에까지 이르게 되었는데, 대부분 학자인 신학교 교수들로 구성되었었다. 이들이 협력하여 한국 교계에 신학적, 정신적 유산을 책에다 남겨 놓고(교역자 양성 교재만도 60종〈과목〉 저작, 약 150만부 출판 보급) 65년 간의 역사가 흐른 지금은 그 기라성 같은 인물들은 석양처럼 사라지고, 그간 반세기 가까이 출판과 경영 전체의 실무를 맡아 오던 최석진 장로가 본 협회를 인수하여 쉽게 인식하기 좋은 「개혁주의출판사」로 명의 변경하되 그 이념과 정신은 계승하여 현재 대표자로 경영하고 있다.

아가(雅歌)주해

나의 사랑, 나의 어여쁜 자야

초판 1쇄 2022. 4. 30.

지은이 : 김윤수
펴낸이 : 최석진
펴낸곳 : 개혁주의출판사
등 록 : 제 2014-000065호
주 소 : 서울 은평구 갈현동(한일그린빌 401호)
전 화 : 02)353-1752 **팩스** / 353-1754

Printed in Korea

ISBN 979-11-85602-34-9 93230

하나님이 세상을 이처럼 사랑하사
독생자를 주신 무한한 구속의 사랑에 감사하며
하나님의 사랑과 은혜를 더 알아가고 싶어서
아가를 항상 묵상합니다
지금은 하나님 아버지 품속에서
사랑을 받고 있을 저의 아내 조양자!
하나님께서 저의 인생의 가장 좋은 동반자로,
주의 일에 동역자로 맺어 주신
아내 조양자를 추억하며
이 책을 세상에 내어 놓습니다

Coram Deo[1)]

---

1) 코람 데오(Coram Deo) : '하나님 앞에서'라는 뜻의 라틴어로, 매 순간 하나님 앞에 서 있는 성도처럼 하나님의 영광 아래 살아가라는 뜻이다.

| 추천의 글 |

이번에 김윤수 목사님의 『아가(雅歌) 주해』의 출판을 환영하고 축하합니다.

김윤수 목사님은 신학교 시절부터 성실하고, 신실하게 주님을 섬겼던 목회자인데, 그의 강단에서 설교했던 아가 주해 원고를 모아 한 권의 책으로 출판하게 된 것으로 압니다. 이 책은 몇 가지 점에서 의미 있는 책이라고 생각합니다.

첫째, 김윤수 목사님의 이 책은 아가에 대해서 평이하고도 간명하게 강해하고 있다는 점입니다. 평이하다는 말은 누구나 이해할 수 있는 해설이라는 뜻입니다. 성경의 깊은 내용을 쉽게 해설하고 정리하는 것은 독자들을 위한 배려이며 실력 있는 성경 교사만이 할 수 있는 일입니다. 이 책은 너무 복잡하지 않고 단순하게 아가의 내용과 교훈을 해설하고 있다는 점에서 우리 모두에게 유익한 책이라고 생각합니다.

둘째, 김윤수 목사님의 아가 주해는 신학적으로 건실하여 신뢰할 수 있습니다. 성경을 어떤 신학적 전통에 따라 해석하는가는 중요한 문제입니다. 특히 아가의 경우는 더욱 그러합니다. 아가에는 하나님이나 그리스도, 교회와 같은 단어가 나오지 않습니다. 그래서 이 책을 곡해하거나 그릇 해석하는 일이 적지 않았습니다. 그러나 김윤수 목사님은 개혁교회 전통에 따라 건실한 신학적 기초 위에서 이 책을 주해하고 있기 때문에 안심하고 읽을 수 있는 책입니다.

셋째, 이 아가 주해는 성경의 가르침을 깊고도 간명하게 해설할 뿐만 아니라 주님을 사랑하는 성도들의 일상의 삶에서 배우고 적용할 수 있는 교훈을 제시하고 있다는 점입니다. 성경은 오늘 이 시간 나를 위한 것입니다. 공허한 이론이나 차가운 논리가 아니라 오늘을 살아가는 성도들을 위한 안내서라는 점입니다. 이런 점에서 이 책은 독자들에게 유익을 줄 것입니다.

저는 이 책이 주님을 사랑하고 믿음으로 살기를 원하는 목회자들과 성도들에게 널리 읽히고 사랑 받는 책이 되기를 기대하며 기꺼이 추천하는 바입니다.

2022년 4월 10일

이 상 규

고신대학교 신학과(B. Th.), 대학원(Th. M.)
호주신학대학(ACT)에서 신학박사(Th. D.) 학위 수득
고신대학교 신학과 교수(교회사학) 역임
백석대학교 석좌 교수(현재)
한국교회사연구원 학술상 수상(1991)
기독교 문화 대상 수상(2010)
저서 : 『다시 쓴 한국 교회사』(개혁주의출판사) 외 다수

| 추천의 글 |

하나님께서 우리에게 "사랑의 계명"을 주셨습니다. 하나님 사랑과 이웃 사랑의 계명입니다. 그리고 그 사랑의 계명을 예수께서 친히 십자가에 못 박혀 죽으시고 부활하심으로 실천하셨고 또 우리에게 그렇게 사랑하라고 명령하셨습니다.

"내가 아버지의 계명을 지켜, 그의 사랑 안에 거하는 것같이, 너희도 내 계명을 지키면 내 사랑 안에 거하리라"(요한복음 15:10). 신앙 생활(경건한 삶)의 목표는 "주님과의 연합(Union with Christ)"의 완성입니다. 본질적 연합이 아니라 인격적 결합입니다. 인격 간의 사귐을 통하여 사랑으로 완성됩니다. 사도 바울은 부부간에 사랑으로 하나 됨을 가르치면서, "이 비밀이 크도다. 내가 그리스도와 교회에 대하여 말하노라"(에베소서 5:32)고 하였습니다. 성도와 그리스도의 사랑의 완전한 결합을 부부간의 사랑으로 비유한 것입니다.

예부터 하나님의 교회는 "사랑의 시편"인 아가(雅歌)에서 "하나님의 백성과 하나님의 사랑" 그리고 "교회와 그리스도의 사랑"을 읽을 수 있었습니다. 구약 성도들은 이스라엘의 구속사로 해석하기도 하였고, 중세 기독교회는 "영혼과 하나님의 사랑"이란 사랑의 신비주의(끌레르보의 베르나르,

Bernard of Clairvaux)로 해석하였습니다. 그리고 종교개혁 후에는 많은 사람들이 성도와 주님 간의 인격적인, 사랑의 관계로 해석하기도 하였습니다(Personal Relationship).

김윤수 목사님의 『아가(雅歌) 주해』는 백영희 목사님의 성경 깨달음과 이해가 근간을 이루고 있습니다. 따라서 우리는 이 책을 통하여 백영희 목사님의 성경신학과 신앙 경험과 고백을 읽을 수 있습니다. 주님을 처음 만난 설렘과 기쁨, 주님을 더 알기 위한 눈물겨운 노력, 주님을 잠시 잃어버린 고통, 주님 때문에 당한 고난, 주님과 더 깊은 교제의 열망 … 일제 강점기와 6.25 인민군 치하 그리고 대도시 목회를 거치며 주님을 사랑하려고 애썼던 개인적인 예수 경험을 엿볼 수 있습니다. 오늘날 주님을 사모하는 그리스도인이여, 이 주해서를 읽으시고, 좀 더 주님 사랑하는 법을 배울 수 있으면 좋겠습니다.

2022년 2월 25일

서부교회 서 영 호 목사

서울대학교 영문과 졸업 (B. A.)
서울대학교 대학원 졸업 (M. A.)
Westminster Theological Seminary (M. Div.)
Westminster Theological Seminary (Th. M.)
Temple University (Ph. D.)
전, 계약신학대학원대학교 역사신학 교수
현, 예수교 장로회 한국총공회 목회자 양성원장
현, 부산 서부교회 담임 목사

| 축하의 말씀 |

디모데후서 3장 16-17절에 "모든 성경은 하나님의 감동으로 된 것으로 교훈과 책망과 바르게 함과 의로 교육하기에 유익하니 이는 하나님의 사람으로 온전케 하며 모든 선한 일을 행하기에 온전케 하려 함이니라"고 말씀하셨습니다. 성도는 성경 말씀을 통한 교훈과 책망으로 바른 삶의 태도를 얻을 수 있으며, 의를 배울 수 있습니다. 하나님의 말씀은 성도들의 삶의 기준이며 표준입니다. 따라서 성경을 알고 믿는 것은 곧 성경의 말씀에 따라 온전한 하나님의 사람이 되고 선한 일을 행하는 삶을 사는 것이 됩니다. 믿음이란 성경을 바로 알고 그 말씀을 인정하며 현실 속에서 하나님의 말씀대로 순종하는 것입니다.

구약성경 중에 아가(雅歌)도 하나님의 영감으로 된 책이며 하나님의 권위로 인쳐진 책입니다. 이런 믿음을 가지고 볼 때, 아가는 단지 인간 사랑의 관계를 교훈하는 것이 아니라, 하나님과 하나님의 백성 간의 사랑의 관계이며, 우리 주 예수 그리스도와 교회의 사랑의 관계를 증거하시는 복음의 말씀입니다. 히브리어 성경에는 아가의 제목이 '노래 중의 노래'라고 하며, 영어 성경 NIV에서는 'Song of Songs'로 불립니다. 한편 한글 성경에 붙여진 아가는 '아름다운 노래'란 뜻의 '아가(雅歌)'입니다. 그러므로 아가의 주제는 하나님의 사랑입니다.

금번에 산본교회 김윤수 목사님의 『아가(雅歌) 주해』의 교정을 보면서 제 자신이 먼저 하나님의 놀라우신 사랑 속에 푹 잠겼습니다. 부디 이 책이 널리 전해져서 하나님의 사랑이 더욱 널리 전파되기를 소원합니다. 귀한 책을 교정하면서 은혜를 주신 하나님께 감사 드리며 더불어 저자 되시는 김윤수 목사님께도 감사 드리며 본서 출간을 축하합니다.

Soli Deo Gloria

2022년 2월 18일
사직동교회 목양실에서
양 옥 규 목사

| 머리말 |

삼위일체 하나님의 은혜를 감사 드립니다. 주님의 사랑에 감격하여 순교의 길을 걸어가신 믿음의 선조들을 생각하며 저도 믿음의 형제들과 같이 이 생명의 은혜를 나누어야 하는 사명을 깨달아 1997년부터 '아가(雅歌)'를 주해하고 강해 설교를 해 왔습니다. 이 아가는 제가 어려서부터 저의 스승 백영희 목사님에게 배운 교훈과 깨달음을 중심으로 연구하고 기도하며 본서를 주해하고 설교를 하였습니다. 저의 아가 주해와 설교를 듣고, 읽은 분들이 우리만 은혜 받기 아까우니 책으로 출간하여 여러 형제들과 같이 나누자 하여 많은 분들의 기도와 수고로『아가 주해』를 먼저 출간하게 되었습니다.

특별히 이 책을 출판하기 위해 수고해 주신 본 출판사 대표 최석진 장로님과 교정부터 여러 부분에 도움을주신 양옥규 목사님에게 감사 드립니다. 졸저를 추천해 주신 이상규 교수님과 서영호 목사님께도 심심한 감사를 드립니다.

2022년 3월

저자 김 윤 수 목사

목 차

서 론

"아가(雅歌)"[2]의 저자는 솔로몬이다. 그 증거는 본문 1절 "솔로몬의 아가"라는 말씀을 통하여 알 수 있다. 열왕기상 4장 32절에서는 솔로몬이 잠언을 3,000 개, 노래를 1,005 개나 지었다고 말씀한다. 아가도 그중의 일부일 것이다.

그러나 아가는 성령의 감동으로 기록된 구약의 정경이다. 히브리어 성경에서는 아가의 제목이 '노래들 중의 노래'란 뜻을 가진 '쉬르 하쉬림'[3]으로 나타난다. 영어 성경 NIV에서도 그 제목을 'Song of Songs'로 하였다. 한편 한글 성경에 붙여진 아가는 '아름다운 노래'란 뜻의 '아가(雅歌)'이다(흔히 '아가서'라고 하나 '아가'라고 한 이유를 아래 각주에 밝혔음).

---

2) "아가(雅歌)"는 전체 성경 중에 하나의 독립된 책명이다. 그러므로 거기에다 '서(書)'를 덧붙여 "아가서"라고 할 필요가 없다. "창세기(記)", "욥기(記)", "룻기(記)" 등 끝에 '기(記)'로 끝나는 책명의 '기(記)'는 '기록, 책'이란 뜻을 가졌는데, 거기다 또 같은 뜻을 가진 '서(書)'를 덧붙여 "창세기서", "룻기서" 등으로 쓰는 이들이 있는데, 이는 바람직하지 못하다. 같은 맥락에서 "아가"의 '가(歌)'도 그 책 자체가 노래로 된 책임을 나타내므로 굳이 '서'를 덧붙일 필요가 없거니와 무엇보다도 성경에 책명이 확정되어 있는 대로 씀이 타당하다고 본다.

3) '쉬르 하쉬림'의 문자적인 의미는 '노래들 중의 노래(Song of songs, KJV)'이다. 이는 솔로몬이 지은 많은 노래 중에서 최고의, 가장 아름다운 노래라는 뜻으로서 흔히 히브리인들이 어떤 것의 최상급, 최고를 나타낼 때 쓰는 관용구적 표현이다.

특별히 아가의 내용은 하나님과 그 백성의 사랑 관계를 상징적으로 표현한 것이다. 그러므로 아가의 주제는 사랑이다. 구약 성경 중에 아가는 어려운 책이라고 말한다. 사람들은 아가를 해석함에 있어서 다양한 해석을 내놓는다. 그러나 우리는 아가도 하나님의 영감으로 된 책이며 하나님의 권위로 인쳐진 책이라고 믿는다.

이런 믿음을 가지고 볼 때, 아가는 단지 부부 사랑의 관계를 교훈함이 아니고, 하나님과 하나님 백성 간의 사랑과 주 예수 그리스도와 교회의 사랑의 관계를 증거하는 놀라운 복음의 말씀이다.

그러므로 이스라엘 왕 솔로몬과 술람미라는 아름다운 한 여인과 사랑의 관계 속에서 하나님의 자존의 사랑, 완전의 사랑, 무한한 사랑, 교회를 향한 그리스도의 아가페적인 사랑을 나타내 보이는 데 초점이 있다. 그러므로 아가가 정경으로 채택된 데는 이러한 하나님의 뜻이 담겨져 있음을 깨달아야 할 것이다.

제 1 장

"내게 입맞추기를 원하니 네 사랑이
포도주보다 나음이로구나"
(1:1)

제 1 장 1-17절

1:1. 솔로몬의 아가(雅歌, Song of Songs)라

아가는 솔로몬이 기록한 노래이다. **"아가(雅歌)"**란 "노래들 중의 노래"라는 뜻이다. 또한 "시들 중의 시"이기도 하다. 솔로몬은 이것을 기록할 당시에 성령이 충만하여 주님의 사랑을 어떻게 표현하기가 어려울 때에, 자기와 자기의 사랑하는 술람미 여인을 통하여 주님의 사랑을 기록으로 표현하였다. 그러기에 아가의 주제는 하나님의 사랑이다. 솔로몬 왕과 술람미 여인과의 사랑을 통해 하나님과 하나님의 자녀의 사랑의 관계와, 예수 그리스도와 교회의 사랑의 관계를 묘사한다.

성경은 하나님과 이스라엘 백성의 관계를 남편과 아내의 관계로 말씀하고 이스라엘 백성의 배교(背敎) 곧 우상 숭배를 음행으로 비유한다.

예수님과 신약 교회 또한 남편과 아내의 관계를 에베소서 5장 22-23절[4]에 기록하고 있다. 특별히 솔로몬과 술람미 여인은 하나님의 사랑을 드러내고 나타내는 계시의 매체인 것이다.

---

4) 아내들이여 자기 남편에게 복종하기를 주께 하듯 하라 이는 남편이 아내의 머리 됨이 그리스도께서 교회의 머리 됨과 같음이니 그가 친히 몸의 구주시니라(엡 5:22-23).

1:2. 내게 입맞추기를 원하니 네 사랑이 포도주보다 나음이로구나

술람미 여인의 솔로몬을 향한 간곡한 사랑의 표현이다. 옛날에 유대 사람의 풍속에는 자기가 사랑하는 자에게 입을 맞추는 풍속이 있었다. 지금도 신령한 의미에서 주님을 사랑하는 성도들이 주님 앞에 아름답게 보여서 주님이 자기에게 입맞추어 주기를 원하고 있다. 성경에 보면 입맞추는 일이 많이 있었다. 누가복음 7장 36-50절[5]에 보면 어떤 여인이 예수님

5) 한 바리새인이 예수께 자기와 함께 잡수시기를 청하니 이에 바리새인의 집에 들어가 앉으셨을 때에 그 동네에 죄인인 한 여자가 있어 예수께서 바리새인의 집에 앉으셨음을 알고 향유 담은 옥합을 가지고 와서 예수의 뒤로 그 발 곁에 서서 울며 눈물로 그 발을 적시고 자기 머리털로 씻고 그 발에 입맞추고 향유를 부으니 예수를 청한 바리새인이 이것을 보고 마음에 이르되 이 사람이 만일 선지자더면 자기를 만지는 이 여자가 누구며 어떠한 자 곧 죄인인 줄을 알았으리라 하거늘 예수께서 대답하여 가라사대 시몬아 내가 네게 이를 말이 있다 하시니 저가 가로되 선생님 말씀하소서 가라사대 빚 주는 사람에게 빚진 자가 둘이 있어 하나는 오백 데나리온을 졌고 하나는 오십 데나리온을 졌는데 갚을 것이 없으므로 둘 다 탕감하여 주었으니 둘 중에 누가 저를 더 사랑하겠느냐 시몬이 대답하여 가로되 제 생각에는 많이 탕감함을 받은 자니이다 가라사대 네 판단이 옳다 하시고 여자를 돌아보시며 시몬에게 이르시되 이 여자를 보느냐 내가 네 집에 들어오매 너는 내게 발 씻을 물도 주지 아니하였으되 이 여자는 눈물로 내 발을 적시고 그 머리털로 씻었으며 너는 내게 입맞추지 아니하였으되 저는 내가 들어올 때로부터 내 발에 입맞추기를 그치지 아니하였으며 너는 내 머리에 감람유도 붓지 아니하였으되 저는 향유를 내 발에 부었느니라 이러므로 내가 네게 말하노니 저의 많은 죄가 사하여졌도다 이는 저의 사랑함이 많음이라 사함을 받은 일이 적은 자는 적게 사랑하느니라 이에 여자에게 이르시되 네 죄 사함을 얻었느니라 하시니 함께 앉은 자들이 속으로 말하되 이가 누구이기에 죄도 사하는가 하더라 예수께서 여자에게 이르시되 네 믿음이 너를 구원하였으니 평안히 가라 하시니라(눅 7:36-50).

의 발에다가 입을 맞추었고, 누가복음 15장 20절[6]에 아버지가 탕자에게 달려가서 입맞추었다. 그런데 이 "입맞춤"은 서로 사랑하며 아주 밀접한 관계를 표시하는 것이다. 그러므로 "내게 입맞추기를 원하니"라고 한 말씀은 성도가 주님을 향하여 자기에게 입맞추어 주시기를 소원하는 말씀이다. 주님은 성도들이 주님만 붙들기를 원하신다.

1) 주님을 붙드는 방법

(1) 주님을 사모하여야 한다

사모하는 것은 간절하게 그리워한다는 의미이다. 보고 싶고, 가까이 함께 있고 싶다는 말이다. 사랑함으로 좋아하고 사모하게 된다. 이것은 누가 시키거나 억지로 되는 것이 아니다. 저절로 본능적으로 생겨지는 마음이다. 성도는 주님에게 대하여 이런 중심이 되어야 한다. 신부가 신랑 되신 주님을 사랑하면 주님은 우리를 떠나실 수가 없다. 성도를 사랑하시는 주님은 신부 된 우리와 늘 함께 있기를 원하신다. 그래서 문 밖에 서서 신앙 양심[7]의 문을 두드리고 계신다. 이것이 주

---

6) 이에 일어나서 아버지께 돌아가니라 아직도 상거가 먼 데 아버지가 저를 보고 측은히 여겨 달려가 목을 안고 입을 맞추니(눅 15:20).

7) 신앙 양심 : 하나님의 지식 즉 성경 말씀대로 사는 양심이 신앙 양심이다. 성경 말씀만이 가장 옳고 바르고 참된 말씀이며 참된 지식이요 이 외에는 옳고 바른 것이 없다는 것을 자기가 인정하고 확신하여 성경 말씀 그대로 살

님을 붙드는 가장 좋은 방법이다.

(2) 주님을 바라보아야 한다

바라보는 것은 '소망(所望)한다'는 말이다. 소망은 무언가 이루어지기를 바라며, 더하여 간절히 기다린다는 뜻도 포함되어 있다. 소망은 믿음이 전제된 것이다. 동시에 기다린다는 뜻이 들어 있다. 믿기 때문에 바라보는 것이다. 또한 주님이 해 주시기를 기다리는 것이다. 젖먹이 아기는 하루 종일 엄마만 바라본다. 배고프면 엄마가 젖 주고, 목마르면 물 주고, 불편하면 기저귀를 갈아주고, 아프면 병원에 데려가서 치료해 준다. 젖먹이 아기에게 엄마는 이 세상의 전부이다. 그래서 밤낮 엄마만 바라본다. 엄마가 아기에게 모든 사랑을 다 쏟아 붓고 아기를 위해서는 생명도 아끼지 않을 수 있는 이유가 여기에 있다. 신부 된 성도가 하나님을 바라본다는 의미는 이와 같은 것이다.

하나님만이 우리의 생명이며, 지혜이며, 능력이며, 소망이며, 전부이기 때문에, 하나님 한 분에게 우리의 전부가 달렸

려는 그 마음이 신앙 양심이다. 어떤 종류의 양심이는지, 어떤 지식대로 된 양심이든지 양심이라는 것은 자기가 가진 지식에서 가장 옳고 바르게, 어떤 것에게도 피동되지 않고 그대로 행하는 그것이 양심이다. 신앙 양심 역시 그러하다. 자기가 가장 옳다고, 바르다고 인정하고 확신하는 성경 말씀 그대로, 사람에게도, 물질에게도, 욕심에게도 어떤 것에게도 피동되지 않고 옳다고 확신하는 성경 말씀대로, 하나님의 뜻대로 바로 행하려고 하는 그것이 바로 신앙 양심이다.

고, 하나님 한 분에게서 우리의 모든 것이 나오기 때문에 하나님만 바라보는 것이다. 하나님께서 당신의 전부를 다 들여서 신부된 성도들을 구원하시는 이유가 여기에 있다. 이런 우리를 만드시는 것이 하나님의 목적[8]이다. 믿는 성도는 범사를 주님을 믿음으로 주님을 바라보아야 한다. 주님이 해 주시기를 기다리는 것이다. 그것이 바라보는 것이다. 주님만을 바라보면 주님이 절대 떠나실 수가 없다. 애처로운 눈망울로 엄마를 바라보는 아이를 떠날 수 없는 것처럼 우리가 그러하다면 주님은 떠나실 수 없다. 이것이 주님을 붙드는 방법이다.

(3) 주님께 맡겨야 한다

맡긴다는 것은 믿음이 전제되어 있어야 한다. 예를 들어 환

---

8) 하나님의 목적 : 성도는 하나님의 목적 안에서 출생했다. 하나님은 자존자이다. 자존자라는 말은 스스로 계신 분이라는 뜻이며 동시에 모든 존재의 원인자라는 뜻이다. 천상천하에 그 어떤 존재도 존재하기 전에 하나님이 스스로 계셨다는 말이다. 영원 전에 하나님이 자존해 계셨지만 하나님 혼자만 계셨고 다른 아무 존재가 없었다. 하나님이 자존자시고 완전자시고 전지전능자이시지만 아무도 없고 하나님 혼자만 계시므로 당신의 자존을, 완전을, 전지와 전능을, 당신의 무한한 사랑을, 자비를, 긍휼을 알아줄 존재가 아무도 없었다. 그래서 정하신 것이 하나님의 목적이다. 하나님을 영원히 알아줄, 하나님의 사랑을 받고 은혜를 받아 영원토록 하나님께 감사하고 하나님을 영원히 찬송할 수 있는 존재, 하나님 당신 같은 온전하고 거룩하고 깨끗한 흠과 점이 없는, 귀하고 아름다운 하나님의 형상을 만들어 그에게 하나님의 모든 것을 주고 맡겨서 하나님을 대신하여 또 다른 수많은 존재들을 다스리게 하시고 그들을 통하여 또다시 하나님이 영광을 받으시는 영광의 찬미가 되게 하시려고 정하신 것이 하나님의 목적이며, 이 목적이 우리의 구원이며 그 대상이 바로 오늘 우리 믿는 사람들이다.

자가 의사를 신뢰하여 진단과 치료를 맡기는 경우, 상대방의 인격과 그의 실력을 믿기 때문에 맡기는 것이다. 우리는 주님께 모든 것을 맡겨야 한다. "너희 염려를 다 주께 맡기라"(벧전 5:7)고 말씀하셨다. 내 인생을, 가족을, 구원을, 영원을 맡기는 것이다. 우리를 책임지고 맡아 주실 분은 주님밖에 없다. 천하 그 누구도, 무엇도 다른 것은 없다. 나의 모든 것을 맡기는 것이 주님을 붙드는 방법이다.

(4) 주님을 의지하여야 붙들 수 있다

주님을 의지함은 기대는 것이다. 그것에 등을 대는 것이다. 이것 역시 믿음이 전제된다. 그를 의지하면 그가 나의 버팀목이 되기 때문에 의지한다. 힘없는 노인이 자기 몸을 지팡이에 의지하여 걸어가는 것이다. 어린 자녀가 부모님을 기대어 살듯 우리는 주님을 의존해야 한다. 주님의 능력을, 사랑을, 보호를 믿고 주님을 의뢰해야 한다. 우리가 주님을 의지하면 주님은 우리를 떠나실 수가 없다.

예를 들어 체격이 작은 아이가 친구들에게 괴롭힘을 당하다가 아버지가 오셨다고 하자. 그러면 이 아이는 아버지의 존재를 배경 삼아 이제는 오히려 큰소리를 치면서 친구들을 골려 줄 것이다. 아버지의 등장으로 힘을 얻어 용감한 사람으로 변하게 되는 것이다. 우리가 하나님이 어떤 분이신 것을 알고 믿는다면 이와 같다고 말할 수 있다.

우리 하나님 아버지는 전지자, 전능자, 주권자, 창조주, 만주의 주, 만왕의 왕이시다. 세상의 모든 것을 주인의 권세와 능력과 사랑으로 섭리하시고 역사하시는 분이시다. 그분을 참으로 의지하되 마치 갓난아이들과 같이 순전하고 깨끗하여 하나님에게만 속하여 사는 사람이라면 주님은 우리를 떠나지 못하신다. 하나님과 우리와의 관계가 이렇게 복되고 위대함을 알고 믿는다면 하나님 아버지의 자녀로서 품위 있고 당당한 모습이 되지 않을 수 없게 된다.

(5) 주님께 순종해야 한다

순종은 명령하신 대로 행하는 것이다. 주님을 믿고, 바라보고, 맡기고, 의지하면 순종해야 한다. 필연한 일이고 당연한 일이다. 믿는다고 하면서 복종하지 않으면 어딘가 잘못된 것이다. 바른 깨달음을 가지는 자는 당연히 순종의 결과를 맺게 된다.

말씀 순종은 믿는 것이고, 바라보는 것, 맡기고 의지하는 것이다. 받들어 행하지 않으면 이런 것들은 다 거짓이다. 믿고, 바라보고, 맡기고, 의지하는 증거는 순종으로 나타난다. 즉 내게 주어진 현실에서 내게 해당되는 하나님의 말씀을 행하는 것이 순종이다.

(6) 주님을 믿는 것이다

주님을 믿고, 바라보고, 맡기고, 의지하고, 순종하는 것은 다 하나다. 믿기 때문에 바라보고, 간절하기 때문에 맡기고 기대어 순종하게 되는 것이다. 믿는다는 말 속에 소망하여 맡김으로 의존하여 행함의 결실을 맺는 것이 다 포함되어 있다. 여기에 하나 더 생각한다면 믿는다는 것은 참된 깨달음이다.

앞서 잠깐 언급했듯이 바로 알지 못하면 믿을 수가 없다. 무지함의 맹종은 온전한 믿음이 될 수 없다. 주님의 속성을, 지능을, 사랑을, 약속의 신실하심을 아는 만큼 섬길 수 있다. 믿는다는 말은 이런 것들이 전제되어야 한다.

(7) 주님을 붙들기 위해서는 인내하여야 한다

위의 6가지를 계속하는 것이 인내이다. 이 믿음 생활이 계속되는 만큼 주님은 우리와 함께하시고, 주님을 모시는 생활만큼 영육으로 성공할 수 있다. 우리의 성공은 주님과의 동행에 있다. 신앙의 인내가 주님을 붙드는 방법이다.

"네 사랑이 포도주보다 나음이로구나" 히브리어에는 남성, 여성 같은 성이 있다. 아가에서는 단어의 형태, 동사의 어미 등을 분별하면 그것이 누구의 말인지를 알 수 있다. 단어의 성(性)을 고려하면 그것이 신랑의 말인지, 신부의 말인지, 혹은 친구들의 말인지 알 수 있다. 위의 1장 2절은 신부의 고백이다. 신부는 신랑의 사랑을 "포도주보다 나은 사랑"이라고 표현했다. 포도주는 사람들에게 기쁨을 주는 음식이다. 하나님의 사랑과 예수 그리스도의 사랑은 성도들에게 큰 기쁨을 준다. 시편 4편 7절에서 다윗은 다음과 같이 고백했다.

> 주께서 내 마음에 두신 기쁨은 저희의 곡식과 새 포도주의 풍성할 때보다 더하니이다

하나님의 사랑은 성도들에게 큰 즐거움을, 말로 형용할 수 없는 기쁨을 주신다. 그렇다면 우리에게 희락을 주시는 하나님의 사랑은 무엇인가? 이를 깨닫기 위해서는 먼저 사랑의 종류를 알아야 한다.

사랑에는 **하나님의 사랑과 인간의 사랑**[9] 두 종류가 있다. 이 중에 하나님의 사랑만이 참되고 영원하다. 인간의 사랑은 사랑 같으나 실상은 죽고 죽이는 거짓된 경우가 많다. 사랑은 전지자, 전능자, 완전자만이 가질 수 있기 때문이다. 인간은 지식이나 능력이나 인격적으로 불완전한 자이다. 그럼에도 인간이 사랑을 말하는 것은 사랑의 껍데기를 가졌기 때문이다.

인간의 사랑은 대표적으로 혈육, 동류, 이성의 사랑으로 볼 수 있다. 그러나 하나님의 사랑은 참 사랑으로서 택함 받은 성도들을 구원하기 위하여 독생자를 보내신 것이다. 다시 말하면 도성인신(道成人身)[10]이 하나님의 사랑이고, 예수님의

---

9) 두 종류의 사랑 : 사랑은 하나님 사랑, 인간 사랑 두 가지가 있다. 하나님 사랑은 사죄와 칭의와 화친과 영생 소망의 사활의 대속에 산 사랑에 살리는 사랑이며 인간 사랑에 사랑은 죄와 불의와 원수의 뱀 사랑이며 죽은 사랑이며 죽이는 사랑이다. 그러나 이 두 가지 사랑의 겉모습은 같아 보인다. 사랑하고, 좋아하고, 위하고, 희생하고, 주고 상대방의 행복을 원하는 모습은 같다.

10) 도성인신(道成人身) : 예수님이 사람이 되어 오셨는데 이를 도성인신이라

사활 대속 공로[11]가 하나님의 사랑이다. 우리가 하나님을 사랑하는 것은 하나님의 사랑을 받는 것이다. 인간이 서로 사랑하는 것은 참 사랑일 수도 있고 아닐 수도 있다. 하나님의 사랑으로 부모님을, 아내를, 남편을, 자녀를 사랑하면 참 사랑이지만, 인간의 사랑으로 서로 대하는 것은 그 종류에 상관없이 거짓 사랑이다. 위해 주고 아껴 주고 인도해 주고 끝까지 책임져 주는 것이 사랑인데 인생으로서는 이것이 불가능하기 때문에 가짜인 것이다.

누가 우리를 영원히 위해 주며, 아껴 주며, 책임져 주겠는가? 사람은 유한하고, 부족하고, 연약하기 때문에 잠시 잠깐 후의 일도 알지 못하는 존재이다. 그러기에 하나님만이 우리

한다. '道'는 말씀, 즉 '말씀이 육신이 되셨다'(요 1:14)라는 뜻인데 성육(成肉), 화육(化肉)이라고도 한다. 주님이 이 땅에 오신 것은 죄에 빠져 지옥에 가게 될 우리를 구원하시기 위함이다.

11) 사활(死活) 대속(代贖) 공로(功勞) : 예수님의 대속은 사활의 대속이다. 사활의 대속은 죽고 부활하심으로 이루신 것을 말한다. 예수님의 사활의 대속은 더 구체적으로 말하면 4가지이다. 예수님의 대속은 사죄, 칭의, 화친, 소망이다.

① 사죄(赦罪) : 예수님이 우리 죄의 형벌을 대신 다 받으심으로 죄를 멸해 주셨다.

② 칭의(稱義) : 예수님이 우리 대신 하나님의 법을 다 이행하여 의를 입혀 우리를 의롭다 하신 것이다. 죄인이 회개하고 예수를 믿으면, 하나님께서는 그 죄를 용서하시고 그를 의로운 사람으로 인정해 주신다. 신학적인 용어로 이것을 칭의(稱義) 또는 의인(義認)이라고 한다. "의롭다고 불러 주신다" 또는 "의롭다고 인정해 주신다"라는 의미이다.

③ 화친(和親) : 예수님이 우리 대신 하나님과 결합하여 하나님과 화친시켜 주셨다.

④ 소망(所望) : 예수님의 부활로 하나님을 향한 영원한 산 소망을 주셨다.

의 모든 것을 주관하시기에 그분의 크심과 그분의 사랑을 점점 깨달아 나아가야 한다. 더불어 예수 그리스도의 도성인신(道成人身)의 사랑과 사활 대속 공로(死活代贖功勞)의 사랑을 깊이 있게 묵상하면 세상이 알지 못하는 참된 사랑과 기쁨을 가지게 된다.

주님의 사랑만이 우리를 살리고, 사활 대속의 복음만이 변화시켜 새롭게 하신다. 그러므로 우리는 늘 주님의 사랑을 생각하고 그 주님의 사랑을 향해야 한다. 사도 바울의 고백처럼 살든지 죽든지 오직 주님만 드러내는 것이 모든 성도들의 소원이 되어야 할 것이다.

이처럼 신부는 신랑의 사랑을 깨닫고 사모한다. 하나님께서는 우리의 가장 사모할 자이시다. 아삽은 시편 73편 25절에서 아삽은 다음과 같이 고백했다.

> 하늘에서는 주 외에 누가 내게 있으리요 땅에서는 주밖에 나의 사모할 자 없나이다

사도 바울은, 빌립보서 3장 7-8절에서 주님을 향한 사랑을 이렇게 고백했다.

> 그러나 무엇이든지 내게 유익하던 것을 내가 그리스도를 위하여 다 해(害)로 여길뿐더러 또한 모든 것을 해로 여김은 내 주 그리스도 예수를 아는 지식이 가장 고상(高尙)함을 인함이라 내가 그를 위하여 모든 것을 잃어버리고 배설물로 여김은 그리스도를 얻고

하나님은 우리의 기쁨이시다. 그 사랑이 세상의 그 어떤 즐거움보다 더 기쁘고 소중한 것임을 알아야 한다. 또 하나님과 주 예수 그리스도를 사모하며 사랑해야 한다. 사도 바울은 또 고린도전서 16장 22절에서 주님을 사랑하지 않는 자에 대하여 매서운 저주를 발하였다.

> 만일 누구든지 주를 사랑하지 아니하거든 저주를 받을지어다 주께서 임하시느니라

우리도 그렇게 진정한 마음으로 하나님과 주 예수 그리스도를 사랑해야 한다. 그렇다면 성도들이 어떻게 보이지 않는 하나님을 사랑해야 하는가?

보이는 사람은 우리가 여러 가지 방법으로 사랑할 수 있다. 부모가 자녀를, 자녀가 부모를, 형제가 형제를, 부부가 서로를, 사람이 사람을 사랑하는 것은 쉽지는 않으나 볼 수 있으므로 가능하다. 하지만 하나님은 무한하시며 보이지 않는 무형의 존재이시다. 이러한 하나님을 어떻게 사랑할 것인가? 이 문제에 대한 답을 성경에서는 크게 두 가지로 말씀하셨다.

1).하나님을 사랑하는 방법

(1) 주님의 계명을 지키는 것이다

주의 계명은 좁게 말하면 십계명이요, 넓게 말하면 613 개

의 율법, 아니 성경에 기록된 하나님의 말씀—하나님의 뜻 모두가 하나님의 계명이다. 이 명령을 지키는 것이 주님을 사랑하는 방법 중 하나이다(요 14:15, 21). 그러나 하나님의 계명을 지키되 특히 유의해야 할 것은 성경에 기록된 많은 말씀 가운데 내가 지킬 말씀은 언제나 현실에 있다는 사실이다. 내게 주어진 현실마다 각각 거기에 해당된 하나님의 뜻이 있으니, 내가 만난 그 현실에 그 해당된 하나님의 뜻을 성경 말씀에서 찾아 순종하는 것이 계명을 지키는 것이다.

아무리 성경 말씀을 지킨다 하더라도 현실과 상관이 없다면 그것은 계명을 지키는 일이 아니다. 반드시 내 현실, 내 몸이 있는 현재 그 시간, 그 장소, 그 일 거기서 거기 해당된 말씀을 찾아 그대로 순종하는 것이 주님의 계명을 지키는 것이요 이것이 곧 주님을 사랑함이다.

(2) 현실에서 계명을 지키되 주님을 사랑함으로 지켜야 한다

계명을 지키는 목적이 하나님 중심으로, 하나님을 위하여, 하나님을 사랑함으로 지키는 것이 되어야 한다. 아무리 계명을 지켜도 그 동기가 하나님을 사랑함에서 나온 것이 아니면, 그 목적이 하나님을 위하는 것이 아니면 소용없는 일이다. 계명을 지키되 하나님을 사랑함으로 지키는 것이 하나님을 사랑하는 것임을 꼭 기억해야 한다.

(3) 형제(이웃)를 사랑하는 것이 곧 하나님을 사랑함이다

하나님을 사랑하는 또 하나의 방법은 형제를 사랑하는 것이다. "누구든지 하나님을 사랑하노라 하고 그 형제를 미워하면 이는 거짓말하는 자니 보는 바 형제를 사랑치 아니하는 자가 보지 못하는 바 하나님을 사랑할 수가 없느니라"고 하셨다(요일 4:20). 하나님을 사랑한다고 하면서 형제를 사랑치 않는 것은 있을 수 없고, 형제를 사랑하는 것이 곧 하나님을 사랑함이 되는 것이다. "형제"란 개념을 우리는 광범하게 생각할 수 있다. 혈육의 형제, 주님의 보혈로 한 피를 받아 한 몸이 된 믿음의 공동체, 모든 이웃(사람) 등이다. 주님께서 십계명에 대해 말씀하신 것을 개괄하면 "첫째는 하나님을 사랑하고 둘째는 그와 같이 네 이웃을 네 몸과 같이 사랑하라"(마 22:37-40)고 하셨다. 형제를 사랑하는 것, 곧 사람을 사랑하는 것 이것이 하나님을 사랑하는 또 하나의 방법이다.

그런데 하나님을 사랑함으로 형제를 사랑하는 데에는 예외가 없어야 한다. 상대방이 나를 사랑하니까 사랑하고, 내 마음에 드니까 사랑하고, 내 혈육이니까 사랑하는 그런 사랑은 하나님을 사랑하는 "사람 사랑"이 아니다. 상대방이 나에게 어떻게 하든지, 내 혈육이든지, 아니든지, 내 마음에 들든지, 들지 않든지, 자기와는 전혀 상관없이 순전히 하나님 때문에, 하나님을 사랑함이 동기와 목적이 되어야 하나님과 형제와 이웃을 진정 사랑한다고 말할 수 있다. 이는 실제로 실행하기가 어렵고, 모든 혈육 정실, 동류 정실, 지방 정실을 초월하지 않으면 행하기 어려운 말씀이다. 하나님을 사랑한다는 것은 얼마나 어려운 일인지 모른다.

2) 주님을 사랑한 결과

주님을 사랑하는 것이 성경이 가르치는 전부이며, 구속 받은 성도의 할 일이다. 주님을 사랑하는 방법은 주님을 사랑함으로 주의 계명을 지키는 것과, 형제(이웃)를 사랑하는 것이라 했다. 그러면 그 사람에게는 어떤 결과가 맺어지는가? 어떤 효력이 나타나는가? 그에게 주님은 어떤 은혜를 베푸시는가? 주님을 사랑함으로 그 계명을 지키는 자, 형제를 사랑하는 자에게는 4 가지 은혜를 베풀어 주신다.

(1) 성령님이 그와 함께하신다

보혜사(保惠師)[12] 성령님이 오셔서 그의 안팎에 함께 거하신다. 보호하시고, 은혜 베푸시고, 필요한 모든 것을 가르쳐 주시는 스승이 보혜사 성령님이시다. 주님을 사랑하는 자에게는 이 보혜사 성령님이 오셔서 모든 면으로 보호하시고, 필

12) 보혜사(保惠師) : 성령 하나님으로서 성령 하나님이 하시는 역할을 이름에 나타내신 것인데, 이름 그대로 우리를 보호하시고 은혜 베푸시는 스승이라는 뜻이다.

요한 은혜를 베풀어 주시고, 그가 알아야 할 모든 것을 가르쳐 주신다.

성령 하나님의 보호를 받는 자는 천하에 두려울 것이 없다. 어떤 대적도, 세력도 그를 함부로 해하지 못한다. 왜냐하면 만유 주, 주권자, 전지전능자, 창조주, 대주재자이신 성부·성자와 함께 삼위일체의 한 위가 되시기 때문이다. 또한 성령님은 모든 지식과 지혜의 근본이시니 이분에게 가르침을 받는다면 그분의 지혜와 능력의 영향을 받으니 이보다 더한 복이 어디에 있겠는가! 이것이 주님께서 사랑하는 자에게 베풀어 주시는 결과이다.

(2) 삼위일체 하나님의 사랑을 받는다

성부·성자·성령, 삼위일체 하나님의 사랑은 주님을 사랑하는 그 사람에게 다 기울어진다. 자존자, 창조주, 대주재시며 주권자 하나님의 사랑을 다 차지하는 방법은 바로 주님을 사랑하는 것이다. 주님을 사랑함으로 계명을 지키는 것이다. 주님을 사랑함으로 형제를 사랑하는 것이다.

하나님이 원하시는 사람은 거듭나서 이런 사랑을 행하는 사람이다. 지음을 받은 피조물인 인생이 하나님을 사랑하는 자가 되도록 섭리하셨다. 이런 사람을 만들기 위해서 모든 것을 예정하셨고 창조하셨고, 이런 사람을 만들기 위해서 하나님이 친히 사람이 되셨고, 십자가에 못 박혀 죽으셨고, 부활하셨고, 지금도 삼위일체 하나님의 모든 역사는 이런 사람을 위하고 계신다. 하나님의 사랑은 오늘도 이런 사람을 찾고 계신다.

(3) 삼위일체 하나님이 동거 동행하신다

"순간순간 주님으로 함께 호흡하고 일보일보 주님으로 동행케 합소서." "초막이나 궁궐이나 내 주 예수 모신 곳이 그 어디나 천국이니, 주 예수와 동행하니 그 어디나 하늘나라." 주님이 어떤 분인지, 주와 동행의 그 세계가 어떠한지를 영감으로 깊이 깨달은 믿음의 선진들의 고백이다. 이는 주님을 사랑하는 성도들의 평생 소원이 되어야 하지 않을까 싶다.

특별히 자연 계시로 성경을 깨달을 수 있다. 사람과 사람 사이의 관계로 신인 관계를 깨달을 수 있는 면이 많이 있다. 속속들이 사랑하는 사람과의 그 기쁨이 어떠한지, 자기를 아껴 사랑해 주는 그분과의 동거 동행의 그 희락이 어떠한지 주님을 사랑하는 자에게는 삼위일체 하나님이 항상 그와 동거 동행해 주신다.

인간으로서, 구속받은 성도로서 이보다 더한 영광과 존귀와 가치는 없다.

(4) 하나님의 모든 것을 그를 통해 나타내신다

요한복음 14장 21절에서 예수님은 이렇게 말씀하셨다.

> 나의 계명을 가지고 지키는 자라야 나를 사랑하는 자니 나를 사랑하는 자는 내 아버지께 사랑을 받을 것이요 나도 그를 사랑하여 그에게 나를 나타내리라

주님을 사랑하는 자는 하나님의 모든 것을 그를 통해서 나타내신다. 주님을 사랑함으로 주의 계명을 지키는 자와 형제(이웃)를 사랑하는 자, 그는 바로 하나님의 형상이다.

나를 본 자는 아버지를 보았거늘 어찌하여 아버지를 보이라 하느냐고 주님이 말씀하셨다. 하나님 아버지를 사랑함으로 아버지의 계명을 지키신 주님, 아버지를 사랑함으로 아버지께서 원하시는 인간을 사랑하여 전부를 다 내어 놓으시고 대속의 공로를 베푸신 주님, 이 주님이 바로 하나님 아버지의 형상이었다.

그러므로 하나님 아버지의 모든 것은 주님을 통해서 다 나타났다. 주님이 하신 말씀은 하나님 아버지의 말씀이었고, 주님이 행하신 일은 하나님 아버지께서 하신 일이다. 아버지의 말씀, 아버지의 모든 뜻이 주님을 통해서 남김없이 숨김없이 그대로 다 나타났다. 하나님 아버지를 사랑하신 주님을 통하여 하나님 아버지의 모든 것이 나타났듯이 오늘도 주님을 사랑하는 그 사람을 통하여 당신의 모든 것을 나타내신다.

주님을 사랑하는 자, 주님을 사랑함으로 계명을 지키는 자, 주님을 사랑함으로 형제를 사랑하는 자, 그는 바로 주님의 형상을 닮은 사람이다. 그러므로 주님의 모든 것은 필연적으로

그를 통해서 나타나게 된다. 그럴 수밖에 없는 당연한 이치다.

그러므로 참으로 하나님을 두려워하는, 하나님의 말씀으로 인해 어떠한 손해를 보고, 난관에 부딪혀도 순종에 가치를 두는 사람, 형제와 이웃을 자기 몸과 같이 사랑하는 자이다. 그 사람을 보면 예수 그리스도의 향기를 느낄 수 있다. 그가 바로 주님을 사랑하는 자이다. 이처럼 술람미 여인도 주님을 향한 사랑으로, 주님과 입맞추지 않고서는 만족이 없었다.

교회사나 성경 역사에 술람미 여인처럼 주님 한 분으로만 만족하는 성도들이 많았다. 주님과 생사를 같이하여 고난에 참여하는 것에 그치지 않고, 주님을 사랑함으로 주님을 위해서 목숨을 초개같이 버리는 순교자들이 많았다. 사도 바울도 고린도후서 11장 23절 이하에 보면, 주님을 위해서 말할 수 없는 고난을 받았고, 사도행전 21장 13절에 보면 "주님을 위해서 죽는 것도 각오를 했다"고 말씀했고, 디모데후서 4장 6절에 보면 "자신을 관제로 드린다"고 말씀했다. 베드로도 로마에서 순교했고, 도마도 인도에서 순교했다. 참된 성도는 자기의 것을 다 바쳐 주님을 사랑한다. 이와 같은 충성된 종들은 주님이 만족하실 때까지 자신의 모든 것에 희생의 제물이 되어 주님의 기뻐하심을 입는 자이다.

그러므로 참된 성도는 주님의 고난에 동참하는 것으로 만족하지 않고 죽기까지 주님을 사랑하고 충성한다. 우리도 주님과 동거 동락하며 생의 마지막 순간까지 주님을 위하여 자신을 드리는 사랑의 사람이 되기를 소원한다. 주님께서 지금 술람미 여인을 통하여서 진한 사랑의 관계를 보여 주고 계신다.

1:2 하반절에 **"네 사랑이 포도주보다 나음이로구나"**라고 말씀하신 대로 우리가 그토록 주님을 사랑함은 주님의 사랑이 포도주보다 낫기 때문이다. 여기에 말씀하신 **"포도주"**는 세상에 있는 소유, 영광, 취미, 향락, 부귀, 권세 등 세상의 가장 좋은 것들을 상징한다. 성경에 보면 이 포도주에 취한 인물들이 많다. 대표적인 인물이 발람이다. 발람은 당시 메소보다미아에서 유명했던 이방 선지자였다(신 23:4).[13)]

그는 모압 왕 발락에게 고용되어 세 차례에 걸쳐 이스라엘을 저주하려고 하였으나 하나님은 그때마다 저주를 바꾸어 오히려 이스라엘을 축복하게 만드셨다(민 22~24장). 하지만 싯딤에서의 '바알브올 사건'에서 볼 수 있듯이 집요하게 이스라엘 백성을 유혹하여 음행을 동반한 우상 숭배의 죄를 범하게 함으로써 결국 이스라엘로 하여금 하나님께 형벌을 받게 한 사람이 발람이다. 그러나 발람 역시 후에 이스라엘 군대에 사로잡혀 살해되었다. 신약 성경에서 그를 가리켜 불의의 삯을 사랑하는 자요, 하나님의 백성으로 하여금 세상과 타협

---

13) 그들은 너희가 애굽에서 나올 때에 떡과 물로 너희를 길에서 영접하지 아니하고 메소보다미아의 브돌 사람 브올의 아들 발람에게 뇌물을 주어 너희를 저주케 하려 하였으나(신 23:4).

하게 만들어 결국 타락시키는 거짓 선지자의 표본이요, 또 사악한 우상 숭배자로 지목받고 있다.

유다서 1장 11절에 보면 "화 있을진저 이 사람들이여, 가인의 길에 행하였으며 삯을 위하여 발람의 어그러진 길로 몰려갔으며 고라의 패역을 좇아 멸망을 받았도다"라고 했다.

또 예수님의 제자였던 가룟 유다를 들 수 있다. 그는 예수님의 제자로 부름 받았고, 회계 관리자로서 재정 일을 맡아보았다. 예수님의 지상 왕국에 대한 기대가 무너지자 은 30에 예수님을 팔았던 자이다. 그러나 양심의 가책을 받아 자신의 행동을 후회하고 제사장으로부터 받은 은 30을 성소에 던진 뒤에 자살하였다(마 27:3-5). 이러한 것을 가리켜 "음행의 진노의 포도주"(계 18:3)라고 말씀했다.

그러나 그리스도의 사랑은 포도주보다 강하다. 예수님의 사랑에 붙들리면 세상의 즐거움, 쾌락이 아닌 하나님의 사랑에 점점 더 사로잡히게 된다. 모세는 하나님의 사랑으로 충만하여 애굽의 종이 되어 있는 이스라엘 백성들의 모습을 보고 안타까워 해방시키고자 했던 것이다. 동족을 향한 사랑의 열정으로 세상 부귀와 명예를 거절하고 하나님 한 분만 바라보고 의지하는 믿음으로 나아갔던 것이다(히 11:24-26).[14]

14) 믿음으로 모세는 장성하여 바로의 공주의 아들이라 칭함을 거절하고 도리어 하나님의 백성과 함께 고난 받기를 잠시 죄악의 낙을 누리는 것보다 더 좋아하고 그리스도를 위하여 받는 능욕을 애굽의 모든 보화보다 더 큰 재물로 여겼으니 이는 상 주심을 바라봄이라(히 11:24-26).

사도 바울도 이 사랑에 도취되어서 그리스도를 위해서 날마다 죽는 길로 피곤함을 느끼지 아니하고 달려갔다. 이 세상 부귀영화는 일시적이요 그림자요 그리스도의 사랑은 실존이요 영원하다.

그리스도의 사랑은 포도주보다 강하기 때문에 이 사랑에 붙들리면 세상에 있는 모든 것을 초개와 같이 버릴 수 있다.

1:3. 네 기름이 향기로와 아름답고 네 이름이 쏟은 향기름 같으므로 처녀들이 너를 사랑하는구나

이 구절은 술람미 여인이 솔로몬 왕을 향하여 자문자답한 것이다. 술람미 여인이 솔로몬 왕을 사랑하는 것같이, 성도들도 참 사랑을 가지면 주님과 밤새도록 사귀어도 시간이 모자람을 가르쳐 주시는 말씀이다.

"네 기름이 향기로와 아름답고" 여기에 언급된 **"기름"**은 선지자·제사장·왕을 세울 때에 쓰는 것이다. 그러므로 "네 기름이"라고 한 말씀은, 그리스도께서 선지자·제사장·왕의 3직을 세움 받으신 것을 말한다. 그리고 "향기로와 아름답고"라는 말씀은 그리스도께서 또한 우리를 선지자·제사장·왕으로 세워서 사랑과 지능의 온전한 자로 성화시키는 것을 뜻한다. 이는 소식 중에 가장 기쁘고 복된 소식이요, 모든 역사 중에 가장 가치 있고 영광스럽고 아름다운 역사이다. 이는 곧 구원의 복음이기 때문이다. 그리스도께서 이 기름을 우리를 향하여 쏟았는데, 창세 전에 쏟았다. 이렇게 쏟아서 선지자·제사장·왕으로 세워 주셨으니 그 기름이 아름다운 것이다.

위의 사실을 더 부연하여 언급하면, '그리스도'란 '기름 부음을 받은 자'라는 뜻이다. 구약에 나타나는 이 '기름 부음을 받은 자'라는 말은 '메시야'를 가리킨다. 그러므로 '메시야'는 '그리스도'와 똑같은 뜻이다. 하나님께서 구약 시대에 기름을 부어 세운 직분은 선지자(왕상 19:16)와 제사장(삼상 2:35)과 왕(삼상 16:13)이다. 예수께서 '그리스도(메시야)'가 되신다는 것은 곧 이 3직을 모두 가지신 분임을 가리킨다. 예수께서 이 3직을 온전히 갖추셨기 때문에 우리 인간을 죄와 사망에서 구원하시는 구세주의 자격자가 되시는 것이다. 왜냐하면 인간의 영혼(정신)의 구성 요소이며 그 활동의 근본 기능인 지(知)·정(情)·의(意)가 인류 시조 아담·하와의 범죄로 망가진 채 그 후손에게 전가되어 왔기에 그 기능의 역할을 제대로 못 하고 죄와 사망에 처하여졌으므로 이러한 인류를 하나님께서 구원하시기 위해서 구원자를 세워 인간 세계에 보내셔야 했는데, 그 구원자는 지·정·의를 완전히 갖춘 자라야 되기 때문이다. 그러므로 이 그리스도의 3직은 인간의 죄로 말미암아 단절된 하나님과 인간의 관계를 다시 바르게 연결시켜 주는 중보자의 성격을 가졌다. 이에 대한 구체적 내용은 다음의 3직에서 언급하고자 한다.

(1) 선지자의 직분

선지자는 세상이 알지 못하는, 감추어진 하나님의 비밀을 하나님께로부터 전달 받아 사람들에게 알려 주는 직책이다(벧후 1:21). 즉 하나님의 뜻을 모르는 사람들에게 전하여 알리기 위해서 자신을 다 바쳐 온갖 고난을 당하며 희생하는 것이 선지자 직분이다. 선지자 역시 사람들을 하나님께로 점점 더 가까이 인도하는 중보의 역할이며, 이를 위해서 자신의 모든 것을 다 바쳐서 감당해야 할 사명을 띤 직분이다. 구약 시대나 오늘의 신약 시대나 가장 많은 박해와 고초를 받은 이가 선지자들이었다. 이것은 주님 재림하실 때까지 앞으로도 그럴 것이다.

(2) 제사장의 직분

이 직분은 하나님과 사람 사이를 화목시켜 주는 역할을 한다.

구약 시대 제사장은 하나님께 드리는 제사를 주관하는 사람이다. 구약 시대의 제사는 인간이 하나님 앞에 지은 죄를 사함 받는 제도였다. 제사는 짐승의 피가 중심이었고, 그 짐승은 장차 우리 죄를 대신 지고 죽으실 예수님을 예표하는 것이었다. 예수님의 대속을 상징하는 것이었는데, 이 제사를 책임지는 주관자가 제사장인 것이다.

신약 시대 제사장은 신령한 면으로 제사를 주관하는 사람이다. 신약 시대에는 구약 예표의 실상이신 예수님이 오셔서 대속을 완성하셨기 때문에 신약 시대의 제사는 예수님의 피 공로를 입은 사람이 자기 몸을 드리는 것이 제사(예배)이다.

다시 말하면, 오늘 신약의 제사장은 예수님께서 자신을 희생의 제물로 드려 하나님과 우리 사이를 연결시켜 주셨듯이, 예수님의 대속을 입은 우리가 자신을 희생의 제물로 드려 하나님을 모르는 사람, 하나님과의 관계가 멀어진 사람을 가까워지도록 하나님과 연결시켜 주는 중보 역할을 하는 것이 오늘의 제사장이다.

(3) 왕의 직분

왕의 직분은 통치하는 역할을 한다. 하나님의 백성들이 하나님의 통치를 받도록 자기를 다 바쳐 하나님과 사람 사이에 중보 역할을 하는 것이 왕의 직분이다. 나 자신이 먼저 하나님을 왕으로, 주인으로 모시고 하나님께만 피동되어 사는 것이다. 자신이 하나님의 통치를 받고 그 하나님의 권세와 능력과 은혜와 사랑을 받은 대로 다른 사람들에게 전하여 그들도 하나님을 왕으로 모시고, 하나님께 순종하는 사람이 되도록 하기 위해 자기의 전부를 다 바쳐 희생하는 것이 왕의 직책인 것이다.

동시에, 왕은 책임지고, 인도하며, 보호하는 역할을 한다. 맡겨 주신 하나님의 사람들, 주님의 피로 구속하신 양 떼들을 죄와 사망과 마귀의 세력에서 건져 바른길로 인도하고 보호하며 책임져야 한다. 자신에게 주신 분량에 따라 맡겨 주신 하나님의 백성들을 소유물과 몸과 생명까지 다하여 말씀을 가르쳐 먹이고 길러서 하나님 앞으로 인도하는 것이 왕의 직책이다.

1:3(중반절). 네 이름이 쏟은 향기름 같으므로

술람미가 솔로몬에게 말한 "네 이름"은 영적으로 예수 그리스도의 이름을 지칭하며, "쏟은 향기름"은 예수님께서 베풀어 주신 사활 대속[15]의 공로를 말한다.

요한계시록 3장 7-8절에 보면 빌라델비아 교회를 향하신 주님의 말씀이 있다. 그 교회는 주님의 이름을 배반치 않았기 때문에 주님께 칭찬을 받았다.

> 빌라델비아 교회의 사자에게 편지하기를 거룩하고 진실하사 다윗의 열쇠를 가지신 이 곧 열면 닫을 사람이 없고 닫으면 열 사람이 없는 그이가 가라사대 볼지어다 내가 네 앞에 열린 문을 두었으되 능히 닫을 사람이 없으리라 내가 네 행위를 아노니 네가 적은 능력을 가지고도 내 말을 지키며 내 이름을 배반치 아니하였도다

빌라델비아 교회는 주님의 이름을 배반치 아니했다. 성경에서 이름은 역사를 말한다. 이름은 주님께서 이루신 역사를

15) 이에 대한 설명은 11번 각주 참조.

가리킨다. 무슨 역사를 하셨는가? 주님께서 하신 역사는 사활 대속의 은혜를 이루어 주셨다.

주님의 사생애와 공생애의 모든 삶이 다 우리를 대속하신 역사이다. 십자가에 피 흘려 죽으시고, 사흘 만에 다시 살아나신 대속의 역사이다. 사활 대속이란 영원한 멸망에 있는 우리를 구원하시기 위하여 대신하여 십자가에 죽으시고, 다시 살아나신 수고이다. 대속(代贖)이란 다른 사람을 대신하여 죗값을 낸다는 말이고, 공로라는 말은 수고했다는 의미이다. 그러므로 예수님께서 십자가에서 대신 죽으셨으니 사(死), 죽은 뒤에 다시 부활하셨으니 활(活), 사활하신 이유는 우리를 대신하신 것이니 대속(代贖)이었고, 이는 예수님의 수고요 공적이니 공로라고 부른다. 이를 교리적으로 요약 표현할 때 '예수님의 사활 대속 공로'라고 한다.

예수님의 사활의 대속은 정확하게 말하면 4가지이다. 사죄, 칭의, 화친, 소망 이 4가지를 가리킨다. 사죄는 예수님이 우리 죄의 형벌을 대신 다 받으심으로 죄를 사해 주셨다. 칭의는 예수님이 우리 대신 하나님의 법을 다 이행하여 의를 입혀 의로운 자 되게 하신 것이다. 화친은 예수님이 우리 대신 화목 제물이 되어 하나님과 우리를 연합시켜, 화친되게 해 주셨다. 소망은 예수님의 부활로 하나님을 향하여 영원한 산 소망을 가지도록 해 주신 것이다.

그러므로 빌라델비아 교회와 같이 주님의 이름을 배반치

않는다는 것은 현실 속에서 대속을 입은 자로 사는 것이다. 그렇게 사는 삶은 죄를 짓지 않는다. 어떤 어려움을 만나고, 무슨 손해를 볼지라도 대속의 은혜를 입고 살면 말씀을 어기지 않는 생활을 할 수 있다. 또 의를 행하는 것이다. 의는 하나님의 뜻대로 사는 생활이다. 자기의 주관, 생각을 버리고 하나님의 뜻이 무엇인지를 찾아 그대로 순종하는 하나하나의 행위가 대속을 입고 사는 생활이 된다. 또 하나님을 모시고 사는 것이다.

어떻게 하면 하나님을 모시고 살 수 있을까? 죄를 짓지 않고, 하나님의 뜻대로 사는 생활을 계속하면 하나님을 모시는 생활이 될 수 있다. 이 생활이 대속을 입고 사는 삶이다. 또 하늘나라 소망으로 사는 것이다. 어떤 낙망과 낙심할 만한 일이 닥쳐도 주님의 대속을 힘입어 실패하지 아니하고 천국을 소망하며 하나님을 향한 영원한 소망으로 사는 것이 대속을 입고 사는 생활이다.

그리고 **"쏟은 향기름 같으므로"**라는 말씀은 예수님께서 멸망 중에 있는 우리를 구원하시려고 희생하여 하늘의 부요와 영광과 평강을 다 내어 놓으시고, 대속의 공로를 베풀어 주신 것이다. 예수님은 참 하나님이시요 참 사람이시다. 삼위일체 중 성자의 위(位)를 가지신 하나님이시다. 성부 하나님과 동일하게 영원 자존하신 하나님, 전지전능하신 하나님, 주권 의지로 미래 영원을 예정하신 하나님, 천상천하의 모든 것을 창조하신 하나님(요 1:1-4), 보존 섭리하시는 하나님이시다.

온 세상은 그로 말미암아 지음 받았고, 또 주권으로 관리하시는 하나님이시다. 우리 사람으로는 상상 못 할 지극히 크시고 거룩하신 하나님이시다.

지음을 받은 모든 인생은 원죄와 본죄로 영육이 멸망 중에 빠져 있다. 그러므로 사는 것이 희망과 평강과 부요를 위하여 사는 것 같으나 실은 노력 전부가 완전 멸망, 가난 죽음을 이루는 것뿐이다. 자세히 알고 보면 만물 중에 인생보다 가련한 것은 없다. 사람은 죽음으로 끝나지 않는 영원 불멸의 형벌 중에 있어야 한다.

우리를 이 무서운 멸망에서 구원하시려고 큰 희생으로 하나님이 사람되어 오신 분이 예수님이다. 우리 위해 가난의 희생, 낮아짐의 희생, 고난의 희생, 측량 못 할 큰 희생으로 하나님이 사람되어 오셨고, 대속을 이루셔서 하나님의 자녀들을 구원하여 주셨다.

1:3(하반절). 처녀들이 너를 사랑하는구나

이 말씀은 사활 대속의 향기로운 기름 냄새를 맡은 성도들마다 자기의 전부를 주님에게 기울여 바친다는 뜻이다(빌 1:20-21, 3:10-14).[16]

---

16) 나의 간절한 기대와 소망을 따라 아무 일에든지 부끄럽지 아니하고 오직 전과 같이 이제도 온전히 담대하여 살든지 죽든지 내 몸에서 그리스도가 존

1:4(상반절). 왕이 나를 침궁으로 이끌어 들이시니 너는 나를 인도하라

여기의 "침궁(寢宮)"은 기도의 골방을 말한다. 성도들이 주님과 밀접한 교제를 맺는 은혜의 세계, 기도의 골방 여기에 들어가서 주님과 밀접한 관계를 가지고 교제해 보면 땅 위에 있는 것을 분토와 같이, 초개와 같이 버리고 주님의 말씀을 붙잡고 주님을 더욱 의지하고 믿고 따라가게 된다. 그런데 성도가 땅 위에서 주님의 사랑의 세계를 발견치 못하고 세상 것들에 갈급증이 나는 것은 주님의 사랑을 믿지 아니하는 불신의 죗값인 것이다.

또한 술람미 여인의 이 말은 곧 성도가 예수님에게 붙들리기를 원한다는 뜻이다. 성도는 주님께서 이끌어 주시기를 원해야 하고, 소망해야 한다. 예수님께서 우리를 이끌어 주실 때에 큰 역사가 일어난다. 아하수에로 왕이 에스더를 이끌어 들일 때에 그 나라를 진동시키는 큰 역사가 일어났다.

성도는 주님이 성경에서 말씀으로, 말씀에서 진리로, 진리

귀히 되게 하려 하나니 이는 내게 사는 것이 그리스도니 죽는 것도 유익함이니라(빌 1:20-21).
내가 그리스도와 그 부활의 권능과 그 고난에 참여함을 알려 하여 그의 죽으심을 본받아 어찌하든지 죽은 자 가운데서 부활에 이르려 하노니 내가 이미 얻었다 함도 아니요 온전히 이루었다 함도 아니라 오직 내가 그리스도 예수께 잡힌 바 된 그것을 잡으려고 좇아가노라 형제들아 나는 아직 내가 잡은 줄로 여기지 아니하고 오직 한 일 즉 뒤에 있는 것은 잊어버리고 앞에 있는 것을 잡으려고 푯대를 향하여 그리스도 예수 안에서 하나님이 위에서 부르신 부름의 상을 위하여 좇아가노라(빌 3:10-14).

에서 영감으로 자신을 지도하여 주시기를 구해야 하며, 현실 가운데서 늘 경건하게 사는 것이 주님의 인도하심을 받는 길이다.

1) 성경의 인도

성경은 성령의 감동으로 기록된 하나님의 말씀으로(딤후 3:16–17, 벧후 1:21)[17] 하나님의 계시가 기록된 유일한 책이다. 그러므로 성경은 인간이 신앙과 생활의 유일한 근거로 받아들여야 할 완전하고 권위 있는 말씀이다.

성경을 영어로는 바이블(Bible)이라고 하는데 이 말은 어디에서 유래된 것일까? 이 단어는 라틴어에서 비롯되었으나 그 기원은 '비블리아(βιβλία)'라는 헬라어이다. 다시 말해 바이블을 뜻하는 헬라어가 '비블리아'이다. 헬라어는 신약 성경에 쓰인 언어이자 예수님과 사도들이 사용했던 언어이다. 비블리아는 책을 뜻하는 비블리온(βιβλίον)의 복수형으로서 '책들(books)'이라는 의미이다. 사도들은 성경의 탁월성을 나타내기 위해 이 단어에 정관사 '타(τά=the)'를 붙여서 '타 비블리아

17) 모든 성경은 하나님의 감동으로 된 것으로 교훈과 책망과 바르게 함과 의로 교육하기에 유익하니 이는 하나님의 사람으로 온전케 하며 모든 선한 일을 행하기에 온전케 하려 함이니라(딤후 3:16–17).
예언은 언제든지 사람의 뜻으로 낸 것이 아니요 오직 성령의 감동하심을 입은 사람들이 하나님께 받아 말한 것임이니라(벧후 1:21).

(τά βιβλία)'라고 불렀다. 이런 의미에서 초대 교회 성도들은 성경을 가리켜 '책 중의 책'이라고 불렀다. 성경은 66 권의 책들로 구성되어 있다. 이 거룩한 66 권의 문서들은 하나님의 계시를 기록한 권위 있는 말씀이다.

다윗은 성경의 절대적인 가치와 신비에 대해 시편 19편 7-11절에서 아래와 같이 기록했다.

> 여호와의 율법은 완전하여 영혼을 소성케 하고 여호와의 증거는 확실하여 우둔한 자로 지혜롭게 하며 여호와의 교훈은 정직하여 마음을 기쁘게 하고 여호와의 계명은 순결하여 눈을 밝게 하도다. 여호와를 경외하는 도는 정결하여 영원까지 이르고 여호와의 규례는 확실하여 다 의로우니 금 곧 많은 정금보다 더 사모할 것이며 꿀과 송이꿀보다 더 달도다. 또 주의 종이 이로 경계를 받고 이를 지킴으로 상이 크니이다

실로 성경은 이 세상 그 어떤 보화와 진리에도 비할 수 없는 가장 귀하고 보배로운 책이다. 생명의 성령의 법(롬 8:2)이다. 성경을 통해 수많은 성도들이 새 생명과 소망을 가졌으며, 나라와 민족은 축복을 받아 진흥하고 강대해졌다. 이로 보건대 성경은 성도들의 유일한 진리요, 삶의 기초이자 전부인 것이다. 하나님께서는 우리에게 이토록 귀한 구원의 도리를 구약과 신약으로 나누어 주셨다. 구약과 신약에서의 '약(約)'이란 말은 '계약'을 의미한다. 계약(契約)이라는 단어는

그 기원(起源)이 라틴어 '테스타멘툼(testamentum)'을 거쳐 헬라어 '디아데케(διαθήκη)'로까지 거슬러 올라간다.

계약을 영어로는 테스터먼트(testament)라고 하는데 구약은 올드 테스터먼트(Old Testament), 신약은 뉴 테스터먼트(New Testament)라고 일컫는다. 다시 말해 구약은 '옛 계약', 신약은 '새 계약'을 뜻한다.

옛 언약은 하나님과 이스라엘 백성 사이에서 율법을 통해 맺어진 것으로, 예수 그리스도가 오시기 이전의 약속이다. 그리고 새 언약은 그리스도가 오신 이후 그분의 사랑을 통해 맺어진 것이다. 그러므로 옛 계약은 새 계약에 이르러 완성되었다. 다시 말하면 성경은 그리스도를 중심으로 구약과 신약으로 나뉘는데, 그리스도 이전에 하나님과 이스라엘 백성 사이에서 율법을 통해 맺어진 것을 구약이라 하고, 그리스도 이후에 그분의 사랑을 통해 하나님과 인간 사이에 맺어진 것을 신약이라 한다. 우리가 가진 성경은 구약 39 권과 신약 27 권, 합해서 66 권으로 되어 있다.

2) 말씀의 인도

'말씀'은 진리를 담고 진리를 나타내는 역사라 할 수 있다. '말씀'은 쉽게 말하면 '말'의 경어인데, 말이란 무언가를 설명하고 나타내는 역사이다. 하나님의 말씀은 하나님의 진리를 나타내는 하나님의 역사라 할 수 있다. 그 속에는 진리가 들어 있으니, 진리는 말씀으로 나타나는 것이다. 하나님께서 진리를 말씀에 담아 우리에게 알리시고 나타내신다. 말씀 속에는 하나님이 계시고, 모든 구원의 역사가 들어 있다. 그래서 말씀이 아니면 하나님도 구원의 모든 것을 담은 진리도 우리에게 알리실 수 없다. 따라서 진리 없는 말씀은 하나님의 말씀은 아니다. 구원의 도리가 될 수 없다. 아무리 설교를 많이 하고, 유창하다 해도 진리 없는 설교는 하나님의 말씀은 아닌 것이다.

3) 진리의 인도

진리와 말씀과 성경은 같으면서도 다르고 다르면서도 같다 할 수 있다. 진리는 말씀을 통해서 역사하고, 말씀은 성경에 담겨 있다. 성경은 진리의 말씀이기 때문이다. 그러나 성경과 말씀과 진리가 다 같고 하나라고 말하기는 곤란한 면이 있다. 왜냐하면 그 의미와 역할이 다르기 때문이다. '진리'는 하나님의 말씀인데, 글자 그대로 '참된 이치'를 말한다. 참되다는 것은 하나뿐이라는 말이다. 이 외에는 없다는 의미가 된다. 이치는 모든 존재와 존재의 유지와 활동과 성장에 필연적인 근간이라고 할 수 있다. 모든 존재는 이치로 되어 있고, 그 존재가 유지되는 것도 이치라야 하고, 활동과 성장도 마찬가지이다. 이치에 맞지 않는 존재가 있을 수 없고 유지될 수 없으며,

이치에 맞지 않는 활동은 결국 없어지며 성장도 있을 수 없다. 따라서 하나님의 진리에 맞지 않으면 존재의 형성도, 유지도, 활동도, 성장도 이루지 못한다. 그러므로 이 진리에 맞추어 나가는 것이 우리의 성화 구원을 바르게 이루는 길이다.

4) 영감의 인도

영감은 하나님이신 성령님의 감화와 감동의 역사를 말한다. 영감의 인도를 받는 것은 쉬운 일이 아니다. 신앙의 최종 성공이 성령으로 사는 것이기 때문이다. 성령의 감화와 감동으로 사는 생활을 요한일서 2장 27절에는 이렇게 말씀하셨다.

> 너희는 주께 받은 바 기름 부음이 너희 안에 거하나니 아무도 너희를 가르칠 필요가 없고 오직 그의 기름 부음이 모든 것을 너희에게 가르치며 또 참되고 거짓이 없으니 너희를 가르치신 그대로 주 안에 거하라

이 말씀은 우리 안에 기름 부음이 있으니 사람에게 배울 것이 없고 기름 부음이 가르치는 그대로 행하라는 말씀인데, 여기에서 말씀하신 기름 부음은 성령의 역사인 영감을 가리키는 것이다.

그리고 마태복음 16장 13-23절의 말씀은 예수님께서 가이사랴 빌립보 지방에서 "사람들이 인자를 누구라 하느냐"라고 물으실 때 베드로는 이렇게 고백했다. "주는 그리스도시요

살아 계신 하나님의 아들이시니이다"(마 16:16)라고. 이 대답에 대해서 예수님께서는 마태복음 16장 17절에서 "바요나 시몬아 네가 복이 있도다 이를 네게 알게 한 이는 혈육이 아니요 하늘에 계신 내 아버지시니라"고 하셨다. 즉 사람이 알게 한 것이 아니고, 성령의 역사, 하나님의 영감으로 알게 하신 것이라는 말씀이다. 이 '영감(靈感)'이란 곧 성령의 감화와 감동이라는 뜻이다.

그리고 이어서 베드로에게 반석이라 하시고, 그 위에 교회를 세운다 하셨으며 또한 천국 열쇠를 준다고 하셨다. 이는 베드로라는 사람이 능력이 있다는 것이 아니라 하나님의 영감으로 고백한 베드로의 그 신앙 고백을 반석 같은 기초를 삼아 그 고백의 진리 위에 교회를 세운다는 의미이다.

천국 열쇠를 준다는 것은 하나님의 영감으로 된 진리 그 자체가 천국을 여는 열쇠가 되는 바, 이것을 준다는 것이다. 영감으로 인도를 받는다는 말은 성령의 감화와 감동으로 산다는 뜻이다. 그리고 이 진리는 반드시 영감을 통해서 역사를 한다. 진리는 신구약 성경 말씀을 말한다. 이 성경이 곧 영감(하나님의 감동, 또는 성령의 감동)으로 된 것이다(딤후 3:16). 하나님의 말씀을 귀로 듣고 마음으로 생각하되 마음속에 있는 양심으로 살피고, 따지고, 분별하여서 하나님의 말씀이 우리의 양심을 주관하게 되는 것은 성령의 역사로 말미암는다. 신앙 양심을 통하여 알려 주시는 성령의 음성, 그것이 영감이고, 이 영감의 인도를 우리는 받아야 한다.

5) 경건 생활에 의한 인도

경건 생활에 힘쓰는 자가 주님의 인도하심을 받는 자이다(딤전 4:7–8).[18] 경건 생활로 자기의 전부를 주님에게 기울여 바치는 자가 아가 1장 4절 상반절에 **"왕이 나를 침궁으로 이끌어 들이시니 너는 나를 인도하라"**는 말씀으로 사는 자이다.

(1) 경건은 주의 것이 된 자로 사는 것이다

우리를 주님의 것이라 함은 2 가지 면으로 생각해 볼 수 있다.

첫째는 창조적으로 주님의 것이 되었다.

나도, 내 마음도, 몸도, 내가 가진 모든 지능도, 소유도 나와 내게 있는 전부는 다 없는 가운데서 만들어 있게 하셔서 있는 것이니 이 모든 것들은 근본부터 주님의 것이다. 주님이 만들지 않으셨으면, 주님이 만들어 내게 주지 않으셨으면 나도 내게 있는 어느 것 하나도 아예 존재할 수가 없다. 이에 사도 바울은 "네게 있는 것 중에 받지 아니한 것이 무엇이냐"(고

---

18) 망령되고 허탄한 신화를 버리고 오직 경건에 이르기를 연습하라 육체의 연습은 약간의 유익이 있으나 경건은 범사에 유익하니 금생과 내생에 약속이 있느니라(딤전 4:7–8).

전 4:7)라고 하셨다. 그러니 창조적으로 우리는 다 주님의 것이다. 여기에는 어느 누구도 예외는 없다.

둘째로 구속적으로 주님의 것이다.

창조적으로 주님의 것 된 우리가 범죄하고 타락하여 죄와 마귀와 사망의 종이 되어 영원한 멸망 속에 빠졌는데 주님이 전부를 다 바쳐 대속하심으로써 우리가 구원을 받았으니 우리는 구속적으로 주님의 것이다. 즉 주님의 대속의 값에 다 팔린 자들이기 때문에 우리는 주님의 것이다. 따라서 우리는 창조적으로, 구속적으로 나도 내게 있는 전부도 다 주님의 것이기 때문에 현재 내가 가지고 있는 모든 것은 다 주님의 것을 보관하고 있는 것이다.

그러므로 주님이 우리의 주인이며, 우리는 주님의 종이다. 우리 자신에 대한 모든 주권이 주님에게 있다. 우리가 사나 죽으나 주의 것이다(롬 14:8). 그러기에 늘 주님의 것인 줄 인식하고, 행동하며, 주의 것으로 사는 것이 경건이며, 따라서 주님의 인도를 받는 것이다.

주님의 것이 되었으니까 사는 것도 당연히 주인이신 주님을 위해서만 살아야 한다. 사람이 영원히 멸망 받아 죽게 된 것은 자기를 위해서 살려 하다가 죽었기 때문에, 주님께서 모든 사람을 대신하여 죽으심은 산 자들로 하여금 다시는 저희 자신을 위하여 살지 않고 오직 저희를 대신하여 죽었다가 다시 사신

자를 위하여 사는 것이라고 하셨다(고후 5:15). 먹는 것도, 입는 것도, 잠자는 것도, 공부도, 직장 생활도, 모든 사업도, 학교 생활도, 가정 생활도, 사회 활동도, 모든 신앙 생활도 다 주님의 것으로, 주님을 위해서 사는 이것이 경건이며, 이렇게 사는 것을 연습하는 것이 경건의 훈련이며 주님의 인도를 받는 것이다.

(2) 경건은 주께 순종함으로 사는 것이다

모든 삶을 주님께 순종으로만 움직여야 한다는 말이다. 순종이라는 말은 쉽게 말하면 시키는 대로 한다는 말이다. 주님이 시키시는 대로 하는 것이 순종이다. 자기 생각, 지식, 경험, 의견, 이런 자기의 모든 것, 또는 세상 어떤 사람이나 피조물의 무엇이 시키는 대로 하지 아니하고 오직 주님이 시키시는 대로만 하는 것, 자기 보기에 어떻게 보여도, 도무지 이해가 되지 않아도, 모든 것이 결딴날 것처럼 보여도 주님을 믿고 주님이 시키시는 대로 순종하는 것, 이것이 경건이다. 주의 것으로, 주를 위하여 주님이 시키시는 대로 순종하는 것이 경건이다. 이것을 연습하는 것이 경건 연습이며, 주님의 인도를 받는 생활이다.

본문에 **"왕이 나를 침실로 이끄신다"**라는 말은 왕인 신랑과 신부의 친밀한 관계를 표현한 것이다. 세상에서 가장 친밀한 관계는 부부 관계이다. 그것은 마음의 교통과 사랑 그리고 부부의 친밀한 교제를 포함한다. 성도들이 하나님과 교제함은 친밀한 교제이며, 하나님께서는 영이시므로 그것은 영적인 친밀한 교제이다. 성도들은 하나님과 그의 사랑을 기뻐하고 즐거워하며 그를 칭송한다. 시편 73편 25-26절에서 시편 기자(아삽)는 이렇게 고백하였다.

> 하늘에서는 주 외에 누가 내게 있으리요 땅에서는 주밖에 나의 사모할 자 없나이다 내 육체와 마음은 쇠잔하나 하나님은 내 마음의 반석이시요 영원한 분깃이시라

주를 진실히 믿고 성경과 말씀과 진리와 영감과 경건을 따라 의와 선을 행하는 자들은 주님과 친밀한 교제를 나누며 현실 속에서 그의 인도를 받으며 그를 사랑하게 된다.

1:4(하반절). 우리가 너를 따라 달려가리라 우리가 너를 인하여 기뻐하며 즐거워하니 네 사랑이 포도주에 지남이라 처녀들이 너를 사랑함이 마땅하니라

술람미 여인이 솔로몬 왕에게 이끌려 침궁으로 들어갈 때에 이 여인에게 관련된 시녀들과 궁녀들이 왕의 사랑을 함께 받고 기쁨을 가지게 된다. 그래서 많은 처녀들이 술람미 여인이 침궁으로 이끌려 들어감을 보고 기뻐하고 즐거워하고 만족해하는 것이다.

이것은 오늘날 우리 교회가 한 사람이라도 주님에게 붙들려서 주님의 인도하심을 받으면 그 사람에게 관련된 모든 성도들이 일어서게 되고 살아나게 되고 기뻐하는 모습을 상징

적으로 보여 준다. 또한 이 하반절의 말씀은 구속 받은 성도들이 주님을 기뻐하고 즐거워하고 주님 외에는 원하고 바라보고 사랑할 것이 없다는 고백이다.

그러므로 자기의 전부를 다 맡겨 놓고 보면 자기에게 영원히 필요한 것이 거기에 다 있는 것이다. 자기의 전부를 주님에게 맡기는 자는 주님의 침궁에 들어간다. 그러면 자기와 관련된 모든 자들이 함께 기뻐하고 즐거워하고 만족하게 된다는 것이다.

"네 사랑이 포도주에서 지남이라"는 말씀 중에 포도주는 앞에서도 이미 언급했거니와 세상에 있는 소유, 영광, 취미, 향락, 부귀, 권세를 상징한다. 우리 주 예수 그리스도의 사랑은 포도주보다 강하다. 그리스도의 사랑에 붙들리면 점점 더 사로잡히게 된다. 이 세상 부귀와 영화는 일시적이고 그림자적이며 그리스도의 사랑은 실존이요, 영원하다. 그리스도의 사랑은 포도주보다 강하기 때문에 이 사랑에 붙들리면 이 세상에 있는 모든 것을 초개와 같이 여기게 된다.

"처녀들이 너를 사랑함이 마땅하니라"고 한 것은 술람미 여인이 왕의 침궁으로 인도함을 받는 것을 모든 시녀들과 궁녀들이 보고 기뻐하고 즐거워하고 만족하고 또 이 술람미 여인을 사랑했다. 그런데 시녀나 궁녀는 왕후가 될 수 있으나 왕후는 시녀나 궁녀가 될 수가 없는 것처럼 우리는 직접적으로 주님의 은혜를 받아야 한다. 그러므로 성도가 예수 그리스도를 위해서 외부적으로, 그리고 내부적으로 자기의 전부를 희생할 때, 예수 그리스도의 침궁으로 인도함을 받게 되고, 그로 말미암아 많은 생명이 구원을 얻게 되고, 그 영광이 영원히 해와 같이 빛나게 된다. 그러므로 자기의 전부를 주님에게 맡길 때 주님의 모든 소유는 자기의 것이 된다.

1:5(상반절). 예루살렘 여자들아 내가 비록 검으나 아름다우니

예루살렘에 있는 여자들은 얼굴이 희고 아름다우나 왕의 사랑을 받지 못했다. 그러나 술람미 여인은 얼굴이 검고 아름답지 못해도 왕의 사랑을 받았다. 이것은 검고 못난 자신의 모습을 알고 왕 앞에 나타났기 때문이다. 그러므로 여기에 말씀하신 **"예루살렘 여자들"**은 세상적으로 잘나고 훌륭한 사람들이지만 믿음으로는 일반적인 믿음의 성도를 말한다. **"내가"**는 술람미 여인, 곧 주님과 생사를 같이하는 성도를 말하고 **"비록 검으나"**라는 말은 "죄인"을 의미한다. **"아름다우니"**는 "의롭다"는 뜻이다. 다시 말하면 검은 것은 죄인을, 아름다운 것은 의인을 가리킨다. 죄인이 죄인으로 나타날 때에(회개할 때에) 주님은 기뻐하시고, 또 주님 앞에 자기가 죄인인 것을 발견한 것만큼 주님에게 고침을 받게 되고 은혜와 사랑을 받게 된다.

1:5(하반절). 게달의 장막 같을지라도 솔로몬의 휘장과도 같구나

"게달[19]의 장막"은 짐승의 가죽으로 만든 천막이고, 그 색깔이 검은 것이다. 그러므로 "게달의 장막"이라는 것은 검은 장막이다. 즉 예수님 밖에서 생활하는 죄악적인 생활을 가리키며, "장막"은 땅에 있는 육에 속한 것을 말한다.

"솔로몬의 휘장"은 솔로몬 왕이 일 년에 몇 차례씩 여행을 갈 때에 치는 천막인데, 그 시대에 있어서 가장 화려하고 좋은 것이었다. "솔로몬의 휘장"은 하늘의 처소, 천국 생활을 비유한다. 그러므로 예수님 안에서 생활하는 것은 솔로몬의 휘장과 같은 천국 생활인 것이다. 그래서 오늘 우리 믿는 사람들이 게달의 장막과 같은 이 세상적인 생활은 언젠가는 벗을 것이요 죄악 생활임을 알고, 솔로몬의 휘장과 같은 영원무궁 세계의 의로운 생활을 갈망하는 사람이 되어야 하고, 그럴 때 주님의 은혜와 사랑을 받게 된다.

1:6(상반절). 내가 일광(日光)에 쬐어서 거무스름할지라도 흘겨보지 말 것은

"일광" 곧 햇볕은 이 세상에 있는 부귀와 영화와 권세와 향

---

19) 게달 : 이스마엘의 후손으로서 북아라비아에 사는 유목 민족을 가리키는 듯하다(창 25:13). 이들의 장막이 검정색 또는 암갈색의 염소 가죽으로 만들어졌으므로 햇볕에 그을린 거무스름한 피부를 묘사하는 본절에 언급된 것이다.

락을 말한다. 그러면 일광에 쬐어서 거무스름해진다는 것은 햇볕 아래에서 정신없이 지내다 보니 검게 되었다는 것으로서, 이 세상에 있는 부귀와 영화와 권세와 향락을 좋은 것으로 알고, 이것을 가져 보겠다고 정신없이 노력을 했지만 범죄하여 상한 것뿐이라는 말이다.

믿는 사람들을 보면 일광을 좋아하는 사람들이 많이 있다. 그러나 일광을 좋아해서 생각 없이 살다 보면 반드시 일광으로 인하여 범죄하여 상하게 된다. 행위의 심판만 마련하게 된다.

술람미 여인이 그러나 **"흘겨보지 말 것은"**이라고 했는데 이 뜻은 "내가 이제는 땅의 것이 가치가 없는 것인줄 깨달았으므로 그것을 버리고, 우리 주 예수 그리스도의 사랑으로 모든 성도들에게 주신 그리스도의 의를 바라보며 나아가니 나를 멸시하지 말라"는 뜻이다. 이 그리스도의 의가 성도에게는 있기에 세상 환난은 결코 성도를 해하지 못하고 삼키지 못한다.

그런데 믿는 사람들이 이 사실을 깨닫지 못하고 환난이 올 때에 주님을 의지하지 못하고 땅의 권세를 의지하고 힘입으려고 하다가 넘어지고 만다. 그래서 자기의 포도원을 지킨다고 얼굴이 검게 된 것이 아니고 남의 포도원을 지키다고 검게 된 것이다. 그러나 낙심하지 않는 것은 자기의 검은 것을 알고 주님이 우리에게 베풀어 주신 은혜와 의를 입으면 주님이 긍휼히 여겨 고쳐 주시기 때문이다.

1:6(중반절). 내 어미의 아들들이 나를 노하여 포도원지기를 삼았음이라

"내 어미의 아들들"은 남자 형제들인데, 이들은 누이동생(또는 누나)인 술람미를 포도원지기로 몰아넣은 나쁜 형제들이다. 이것은 곧 타락한 교회를 말하고, 더 넓게는 불택자도 포함되고, 더 나아가서 세상이라고 할 수 있다. 그 예로 예수님을 십자가에 못 박을 때에 타락한 교회인 제사장과 바리새인들이 불택자인 빌라도와 헤롯과 하나 되어 예수님을 못 박아 죽였다.

"노하여"란 성도가 투기하고 시기하여 해치는 것을 말한다. 어미의 아들들이 술람미 여인을 시기하여 사랑하는 왕에게서 쫓겨나도록 하기 위해서 유혹하여 남의 포도원을 지키게 하였음을 말하는 것이다. 해석하면 이 세상에서 믿는 성도들로 하여금 예수님에게 배척을 받도록 하기 위해, 넓은 길로 가도록 미혹하는 것이다. 성도는 좁은 길로 나아가야 한다.

구약에 대표적인 인물로 아브라함과 롯을 꼽을 수 있다. 아브라함은 좁은 길로, 롯은 넓은 신앙의 길로 걸어갔다.

1) 아브라함의 좁은 길	**2) 롯의 넓은 길**
(1) 신본주의	(1) 인본주의
(2) 하나님 독재주의	(2) 민주주의
(3) 축복주의	(3) 조건주의

아브라함과 롯이 출발은 같았고, 어려움도 함께 겪었다. 그러다가 두 가족이 같이 거할 수 없을 만큼 하나님의 축복을 받게 되었을 때 나뉘게 된다.

아브라함은 신본주의로, 하나님 독재주의로, 축복주의의 걸음을, 롯은 인본주의로 하나님을 제외한 인간의 민주주의로 그리고 조건주의의 걸음을 택하게 된다.

아브라함	**롯**
신본주의	인본주의
하나님 독재주의	민주주의
축복주의	조건주의

하나님께 대한 두 사람의 신앙 사상, 인식, 정신, 사고방식을 말씀하신 것이고, 각자의 신앙 사상에 따라 필연적으로 각자의 길을 가게 된다.

하나님의 축복을 풍성하게 받아 두 가족이 함께 거할 수 없게 됨으로 목축하기에 아주 좋은 조건인 소돔 고모라와 박토인 가나안을 두고 서로 나뉘게 되었을 때 아브라함은 자기나 아내나 종들이나 그 어떤 사람보다 하나님을 앞세우는 신본주의로, 하나님의 뜻만 찾고 기쁘시게 하는 하나님 독재주의로, 눈에 보이는 모든 좋은 조건보다 하나님의 축복만을 바라보는 축복주의 신앙으로 롯에게 선택권을 양보하여 좁은 길의 신앙으로 나아갔다.

그러나 롯은 하나님보다 자기를 먼저 생각하고 앞세우는 인본주의로, 하나님의 뜻이나 기쁨보다 아내와 딸들과 종들의 말을 따르는 민주주의로, 하나님의 축복보다 눈에 보이는 것을 먼저 생각하는 조건주의 신앙으로 소돔 들을 택하여 갔던 것이다. 아브라함은 믿음의 조상의 표본이고, 롯은 믿음에 실패한 조상이 되었다.

아브라함과 롯의 신앙 걸음의 결과는 오늘을 사는 우리에게 중요한 거울이 된다.

결과는 원인과 과정의 필연적인 열매다. 아브라함은 신앙의 걸음을 걸어 믿음의 결과를 맺었고, 롯은 불신앙의 걸음을 걸어 실패와 멸망과 저주의 결과를 맺었다.

오늘도 아브라함과 롯의 두 신앙 노선이 우리 앞에 있다는 사실을 알고, 바른길을 택하여 좁은 문으로 들어가는 복 있는 신앙 노선의 사람이 되어야 할 것이다.

"포도원지기를 삼았음이라"는 말은 어미의 아들들이 술람미 여인을 사랑해서 그들의 포도원지기를 삼은 줄 알았는데, 이제 보니까 그런 것이 아니고 노하여 해치고자 한 것이었다. 그동안 술람미 여인은 이 사실을 깨닫지 못하고 그들의 포도원을 힘껏 지켰으니 속은 것뿐이요 유익은 하나도 없었다. 이와 같이 오늘날도 타락한 교회와 세상은 참된 성도로 하여금 하나님의 말씀을 에누리 하게 하고 신앙의 허리띠를 풀게 하고, 좁은 길을 두고 넓은 길로 유혹하여 자유를 주는 것 같으나 속박을 당하게 하고, 영원한 기업을 얻지 못하게 하기 위해서, 인본주의 사상을 가지게 하고 자기중심으로 살게 한다. 주님을 위하고 유익되게 하는 것같이 하면서 자신을 위하고, 세상 것을 위해서 살게 한다. 이것을 가리켜서 "내 어미의 아들들이 나를 노하여 포도원지기를 삼았다"고 말한 것이다. 그러므로 나 자신이 어미의 아들이 아닌지 돌아보아야 한다. 주님을 위한다고 하면서 나 자신을 위하고, 나 자신의 유익을 구하고, 주님이 아니라 자기중심으로 살고 있지는 않은지 항상 살펴보아야 한다.

우리가 주님을 위한다고 소유와 몸과 생명을 다 바친다 해도 주님이 희생하신 것에 비하면 아무것도 아니다. 아무리 수고하고 희생해도 우리는 주님 앞에 무익한 종일 뿐이다(눅 17:10). 우리가 진리를 바로 깨달아 알지 못하면 주님을 바로 섬길 수가 없다. 술람미 여인이 자기의 포도원을 지키지 못한 것을 깨닫고 원통히 여기고 탄식한 것처럼 우리에게도 이러한 탄식이 있어야 할 것이다.

1:6(하반절). 나의 포도원은 내가 지키지 못하였구나

술람미 여인은 남의 포도원을 지키느라고 자기 포도원을 지키지 못한 이 사실을 깨닫고 탄식함과 동시에 이제는 자기의 포도원을 발견하게 된 것이다.

그러면 지켜야 할 우리의 포도원은 어떤 것인가? 이 세상에 있는 동안에 자기 생활을 하는 것인데, 자기 생활은 곧 자기가 주님을 위해서 십자가에서 녹아지는 생활이다. 그러므로 이제까지 어미의 포도원, 곧 남의 포도원, 곧 이 세상 사람들의 사는 생활과 같이 살아 주님의 뜻대로 생활하지 못한 남의 생활을 한 것을 통회하고, 이제는 자기가 주님을 위해 십자가에서 녹아지는 좁은 길을 걸어가려고 결심하는 것이니, 우리에게도 이런 결심이 있어야 한다. 그러므로 냉수 한 그릇의 대접도 주님을 위해서 주님의 뜻대로 하면 복된 것이다. 베드로도 주님을 세 번이나 부인한 후에 이것을 원통히 여기고 통곡을 하면서 회개했다. 하나님의 도(道)는 객관적이요, 주관적이 아니다. 우리는 진리의 말씀을 겸손히 듣고 순종으로 믿고 나가야 한다. 인간의 생각은 좁고 무지한 것이다.

1:7(상반절). 내 마음에 사랑하는 자야

이 말은 술람미 여인이 솔로몬 왕에게 하는 말인데, 이는 성도가 주님을 향해서 하는 말 곧 성도가 주님을 잃어버렸다가 다시 찾는 중심에서 하는 말이다. "성도가 주님에게 성도의 전 인격과 모든 것을 다해서 사랑하고, 성도 자신의 전부를 맡기고 의지하고 바라보기에 넉넉한 자"가 하는 말이다.

믿는 사람들을 보면 자기의 모든 정성을 다른 것에게 쏟아

놓고 입술로만 주여 주여 하는 외식자들이 많이 있다. 이 외식자들에 대해 예수께서 이사야가 외친 말(사 29:13)을 인용하신 것을, 마태는 마태복음 15장 7-9절에 재인용하여 다음과 같이 말하고 있다.

> 외식하는 자들아 이사야가 너희에게 대하여 잘 예언하였도다 일렀으되 이 백성이 입술로는 나를 존경하되 마음은 내게서 멀도다 사람의 계명으로 교훈을 삼아 가르치니 나를 헛되이 경배하는도다 하였느니라 하시고

1:7(중반절). 너의 양 떼 먹이는 곳과 오정에 쉬게 하는 곳을 내게 고하라

"너의 양 떼를 먹이는 곳"이란 술람미 여인이 솔로몬 왕에게 한 말로서, 주님께서 그의 양 떼를 먹이시는 목장을 뜻한다. 이 말씀은 성도가 주님과 함께 있지 아니할 때에, 주님을 잃어버렸을 때에 주님을 찾고 만나게 되는 곳이 어떤 곳임을 말해 준다. 그렇다면 우리가 주님을 찾고 만나게 되는 곳은 어떤 곳인지 더 구체적으로 살펴보자.

첫째로는 **"양 떼를 먹이는 곳"**이다. 주님과 함께 있지 아니할 때, 주님을 잃어버렸을 때에는 주님의 양 떼를 먹이는 곳으로 찾아가야 한다. 성도들이 양 떼들을 먹이는 곳이 어떤 곳인가? 그곳은 바로 복음의 진리를 전하는 곳이다. 그러므

로 그 어떤 곳보다도 복음의 진리를 전하는 그곳에서 주님을 찾아야 한다. 물론 골방에서 기도를 통해서도 주님을 만날 수도 있지만 보다도 복음을 위해서 수고하고 희생하는 곳에서 더욱 주님을 찾고 만나게 된다.

둘째로 주님을 찾고 만나는 곳은 **"오정에 쉬게 하는 곳"**이다. "오정" 곧 한낮에는 뜨겁기 때문에 양 떼가 상한다. 그러니까 목자는 양으로 하여금 상하지 않도록 하기 위해서 숲속에 몰아넣어야 하고, 숲속으로 들어가서 쉬게 해야 한다. 그래서 한낮에는 목자가 양과 함께 숲속에서 쉰다. 그러니까 양과 함께 쉬는 곳에 가야 주님을 찾고 만나게 된다. 오정 때에 숲속으로 가야 사랑하는 자를 만나서 서로 속삭이고 사귀게 되는 것인데, 이 "오정"은 세상이 강한 세력을 가지고 박해하는 환난 때를 말한다.

그러므로 성도는 이때가 오기만을 기다린다. 환난 때에 감옥이나, 극심한 병중이나, 범죄하기 쉬운 곳은 오정에 양을 쉬게 하는 곳이다. 외부에는 햇볕이 뜨거워도 숲속은 시원한 것처럼 외부로는 환난이나 고통이지마는 내부로는 주님을 만나서 깊이 사귀고 평안을 누리는 곳이다.

세상 세력이 강하여져서 그 세력에게 아첨하거나 굴복치 아니하면 견딜 수가 없는 그때를 가리켜서 "오정"이라고 하는데, 주님을 참 사랑하는 진실된 성도는 이때를 고대한다. 환난 때에 감옥에서, 토굴에서, 병상에서 주님과 더불어 깊이 사귈 수가 있다.

평안 무사할 때에는 주님과 깊이 사귈 수가 없지마는 환난 때에는 깊이 사귈 수가 있다. 그러므로 목자가 오정에 양 떼를 숲속으로 인도하는 것처럼 환난 때에 주님은 사랑하는 성도를 어디로 인도하시는지 우리는 주님의 사랑을 깨닫고 주님께서 인도하시는 곳이면, 감옥이라도, 겟세마네 동산이라도, 골고다 언덕이라도, 사형장이라도 따라가야 한다. 그곳이 주님과 보다 더 깊은 교제를 하는 곳이다.

1:7(하반절). 내가 네 동무 양 떼 곁에서 어찌 얼굴을 가리운 자가 되랴

"얼굴을 가리운"다는 것은 술람미 여인이 사랑하는 왕을 보지 않고 왕 없이 혼자 있는 것을 말한다. 즉 주님과 동행하지 아니하고 자기 혼자서 일하는 것이다. 주님이 함께해 주지 아니하시는데 혼자서 기도하는 것을 말한다. 주님이 동행하여 주지 아니하시는 일은 실패다. 그러므로 어찌 그런 자가 되겠느냐("되랴")라고 반어법(反語法)으로 긍정의 의향을 강소한다.

주님의 얼굴을 보지 않고 주님과 함께하지 않으면 수치를 당한다는 말이다. 그러므로 우리는 주님이 함께 계시지 아니하는 양 떼나, 주님의 피와 성령과 진리가 없이 일을 하려고 하는 것이나, 주님과 동행치 않는 곳은 가지 아니할 것이요, 이것을 수치로 알고 그런 일을 해서는 안 된다.

주님께서 우리의 전 생활에 같이해 주어야 한다. 주님이 같이해 주지 아니하시면 거기에는 생명의 역사는 일어나지 못한다. 주님은 신령과 진정[20]으로 예배하는 자를 찾으신다(요 4:23-24). 주님은 이 사람에게 함께하신다. 기독교 사업주의나, 자기 혼자서 하는 일은 결과적으로 반드시 실패한다. 그러니까 얼굴을 가리운 자처럼 수치를 당하게 되는 것이다. 그러나 주님께서 기뻐하시고, 함께하시는 일이라면 자기의 실력, 돈, 배경이 없어도 염려 없이 시작해야 한다. 반드시 성사가 되고 성공하게 된다. 그러나 주님이 함께하지 아니하시면 공연히 동무 양 떼 곁에서 수치만 당하게 되는 것이다. 그러므로 우리가 주님의 뜻에 합당한 일을 하지마는, 자신이 능히 할 수가 있는 일이라도, 주님이 같이하지 아니하시는 일은 하지 말아야 한다. 이것이 참된 성도의 삶인 것이다. 우리는 하나님의 말씀인 신구약 성경을 거울로 삼아서 주님의 뜻을 찾고 주님과 항상 의논하고 주님과 함께 일을 해야 한다.

1:8(상반절). 여인 중에 어여쁜 자야

"여인 중에 어여쁜 자야"는 다섯 가지 외식을 버리고 다섯 가

20) 신령의 예배 : 성령의 감동을 받은 마음으로 예배하라.
진정의 예배 : 자기의 심신의 요소를 다 기울여서 예배하라.

지 소망을 잡은 자라는 말씀이다. 술람미 여인은 다섯 가지 소망을 가지고 있었다. 그래서 술람미 여인은 여자 중에 어여쁜 자가 된 것이다. 이 사실을 다시 앞으로 소급하여 살펴보자.

1) 5절(상반절). **"내가 비록 검으나 아름다우니"** 술람미 여인은 자기는 비록 검으나 아름답다고 했다. 자기는 비록 죄인이었지만 주님의 사활 대속의 도를 발견하여 이 대속을 소망으로 가졌다.

이 여인은 육신을 상대하여 살지 아니했고, 자기의 이성 비판대로 살지 아니했고, 자기의 인격을 다 주님의 사활 대속의 의에 피동으로 살았다. 자기의 이성 비판대로 사는 것은 모든 것이 외식이다.

2) 5절(하반절). **"게달의 장막 같을지라도 솔로몬의 휘장과도 같구나"** 이것은 술람미 여인 자신의 처지를 말하는 것이다. "게달의 장막"은 검은 염소 털로 만든 조잡한 장막이다. 자기가 이와 같은 보잘것없는 존재라는 것이다. 그러나 솔로몬의 휘장과도 같다고 했다. 이 휘장은 온갖 좋은 재료들로 만든 아름답고 화려한 장막으로서 게달의 장막과 대조적이다. 이 사실에서 성도는 원래 게달의 장막처럼 보잘것없는 죄인이었으나 주님의 구속으로 말미암아 솔로몬의 휘장과도 같은 아름답고 영광스런 하나님의 자녀로 새사람이 되었다는

것을 인식하고, 소망 가운데서 감사하고 기뻐하며 살아야 할 것임을 보여 준다.

또한 대조적인 두 장막에 대해 우리가 취할 영적 교훈은, 게달의 장막과 같이 지난날에 참되지 못하고 죄악 된 생활은 완전 청산(회개)하고, 솔로몬의 휘장 곧 영광스런 신랑되신 주님과 하늘에 있는 영원한 집을 소망하고 살아야 한다는 것이다. 땅 위에 있는 자기의 처지를 자기의 영원히 누릴 참된 처소로 알면 큰 착각인 것이다. 사도 바울은 우리가 소망하고 살아야 할 하늘의 영원한 집에 대해 고린도후서 5장 1절에서 다음과 같이 말씀하였다.

> 만일 땅에 있는 우리의 장막 집이 무너지면 하나님께서 지으신 집 곧 손으로 지은 것이 아니요 하늘에 있는 영원한 집이 우리에게 있는 줄 아나니

술람미 여인은 땅 위에 있는 처지 곧 가정이나 지위나 소유나 권세나 사업이나 이런 것은 게달의 장막 곧 참되지 못하고 죄악적인 것으로 알았고, 솔로몬의 휘장 곧 자기의 참된 처소는 하늘에 있는 줄로 알고 이것을 소망으로 가졌다. 그러므로 성도는 이 세상의 처지로 만족하고 사는 이것은 성도의 삶의 본질에서 벗어난 겉치레적이라는 의미에서 외식이요, 죄악이요, 심판 받을 것임을 깨달아 겸손하게 오늘을 준비하는 참된 삶이 되어야 할 것이다.

3) 6절(상반절). **"내가 일광에 쬐어서 거무스름할지라도 흘겨보지 말 것은"** 이 말은 솔로몬 왕의 아내 곧 왕후가 될 여인이 일광에 쬐어서 얼굴이 검게 그을어 몰골이 되었지마는 왕의 사랑과 긍휼을 소망으로 의지하였다는 것이다. 믿는 사람이 세상의 부귀와 영화와 권세가 복인 줄 알고 이것을 위해서 사는 것은 외식이요 불행이다. 이것이 있는 것만큼 손해를 보고, 이것을 주님보다 더 바라보고 의지하여 삶으로 외식하는 사람이 되는 것이다. 그러나 술람미 여인은 이것을 깨닫고서 과거의 죄로 인하여 낙심치 아니하고 주님의 의를 힙입음로 소망을 가졌다.

4) 6절(하반절). **"내 어미의 아들들이 나를 노하여 포도원지기를 삼았음이라 나의 포도원은 내가 지키지 못하였구나"** 남의 포도원을 자기의 포도원인 줄 알고, 그것을 지키다가 나중에 이 사실을 발견하고서는 통회하면서 자기의 포도원을 지키고자 하였다. 어미의 아들들이 술람미 여인을 유혹했다. 그래서 이들의 유혹에 빠진 술람미 여인은 처음에는 그들이 자기를 사랑해서 포도원지기를 삼은 줄로 알았다.

그러나 나중에 알고 보니 그들이 노하여 사랑하는 왕을 만나지 못하게 하는 방해인 줄 알았다. 그리고 자기가 지켜야 할 자기 포도원이 따로 있음을 알았다. 다른 사람의 포도원을 자기의 것으로 착각한 것을 원통히 여기면서 이제는 바른 생각과 중심과 소망으로 자기의 포도원을 가지게 되었다.

"어미의 아들들"은 앞에서 이미 언급했듯이 술람미를 포도원지기로 몰아넣은 불량한 남자 형제들 곧 이 세상에 있는 타락한 교회, 우리 안에 있는 부패성을 상징한다. 옛사람이다. 이 옛사람이 우리로 하여금 주님을 멀리하도록 하기 위해서 우리의 포도원을 버리고 세상으로 살도록 유혹한다. 이 미혹에 빠져서 살면 진실하지 못하여 거짓된 자가 된다. 그러므로 우리는 주님을 향한 소망을 가지고 날마다 날마다 새로워져서 우리 자신의 포도원을 지켜내야 한다. 이 포도원은 오직 주님이 가신 길, 주님의 생애가 우리 성도들의 포도원이다.

5) 7절. **"내 마음에 사랑하는 자야 너의 양 떼 먹이는 곳과 오정에 쉬게 하는 곳을 내게 고하라 내가 네 동무 양 떼 곁에서 어찌 얼굴을 가리운 자같이 되랴"** 여기서 술람미 여인은 주님을 섬기되 형식적으로, 외식적으로 주님을 섬겼는데, 그것은 외식이요, 거짓이다. 심령으로 섬겨야 참된 섬김인 줄 알고서는 주님을 향하여 돌이켰다. 그렇지만 주님은 벌써 양 떼를 몰고 가 버리셨다. 그래서 주님을 찾아서 심령으로 섬기는 이것을 소망으로 가졌다. 우리도 술람미 여인처럼 외식을 버리고 위와 같이 다섯 가지 소망을 가지고 주님을 섬겨야 한다.

1:8(하반절). 네가 알지 못하겠거든 양 떼의 발자취를 따라 목자들의 장막 곁에서 너의 염소 새끼를 먹일지니라

이 말은 앞의 술람미 여인의 말(5-7절)에 대한 예루살렘 여인(궁녀)들의 응답이다. 여기에서 우리는 목자의 3대 희생을 발견할 수 있다.

(1) 양을 따라가는 희생

(2) 양을 따라서 장막을 치는 희생

(3) 장막 곁에서 염소 새끼를 먹이는 희생

"양 떼의 발자취를 따라"라는 말씀은 양 떼와 운명을 같이 하는 것을 말한다. 양 떼가 환난 가운데에서 울면 같이 울고, 어려움을 당하면 같이 당하고, 괴로워하면 같이 괴로워하고, 웃으면 같이 웃고, 즐거워하면 함께 즐거워하는 것을 말한다. 또 양 떼가 갈팡질팡할 때에, 죄악에 빠져서 헤맬 때에 찾아가서 바르게 권면해 주고, 고쳐 주며, 맹수가 오면 막아 주고, 병들면 치료해 주는 등 희로애락과 생사고락을 같이하는 것을 말한다.

"목자들의 장막 곁에서"라고 하는 이 말은 양 떼가 이곳에서 풀을 다 먹으면 저곳으로 옮겨 주어야 한다. 목자가 일정한 곳에 장막을 치는 것이 아니고, 양 떼를 따라다니며 살펴서 장막을 친다. 뿐만 아니라 목자 자신을 위하는 것이 아니고, 양 떼의 유익을 위하여, 양 떼에게 해가 되지 않도록 장막을 친다. 이런 자가 참된 목자이다. 또 목자는 장막 밖에서 거처하는 때가 많다. 양 떼를 잘 보살피기 위하여 일정한 곳에 장막을 치고 거기 거하기도 하는데 이런 처지를 두고 하는 말이다.

그러나 거짓 목자는 양 떼를 위하는 것이 아니라, 자기의 유익을 위해서 장막을 친다. 그래서 장막 안에 머물 때가 많은 것이다. 양 무리의 움직임을 따라서 정해지는 장막은, 양 떼를 위하여 생사고락을, 희로애락을 같이한다. 그러므로 잃어버린 주님을 만나려고 하면 장막 안에 들어가서 잠을 자지 말고, 깨어 장막 밖에 있는 양 떼들과 함께해야 한다.

"너의 염소 새끼를 먹일지니라"는 말씀은, 염소는 양을 시기하는 성질을 가지고 있다. 하나님의 택자로서 믿는 사람들 가운데에도 염소의 성질을 가진 사람들이 많이 있다. 하나님의 교훈을 잘 받지 않고, 회개치 않고, 패역, 고집을 부리고, 자기의 주관대로 욕심대로 행하고 질투와 시기로 말썽을 부리는 교인들이 있다. 이런 사람들도 가까이 두고서 알뜰하게 보살피고, 교훈하고, 지도하는 것을 가리켜서 **"장막 곁에서 너의 염소 새끼를 먹일지니라"**고 말씀하신 것이다. 그래서 예수님도 베드로를 보시고 "네가 나를 사랑하면 내 양을 먹이고 치라"고 세 번이나 말씀하셨다.

이상 8절 하반절에서 또 다른 측면, 즉 성도들이 주님을 찾아 만나는 방법을 배울 수 있다. (1) 양 떼의 발자취를 따라가는 것이다. 앞서간 신앙의 선배들의 체험들을 배우고, 본받는 것이 기초적인 걸음이다. (2) 목자들의 장막 곁에 있어야 한다. 모범적인 신앙 동료들과 보조를 같이하여 나누이지 않는 것이다. (3) 자기의 염소 새끼를 먹이는 것이다. 여기 "염소 새끼"라는 뜻은 단지 어린 것을 가리킨다. 자기에게 붙여 주신 어린 신자들을 돌아보고 양육함에서 주님을 만난다는 뜻이다.

1:9. 내 사랑아 내가 너를 바로의 병거(兵車)의 준마(駿馬)[21]에 비하였구나

솔로몬 왕이 술람미 여인의 아름다움을 칭찬한 말이다. 애굽 왕 바로의 병거의 준마는 전쟁에서 날쌔고 힘이 센 말이다. 이것은 자기의 신앙을 굳게 가지는 것을 비유한다.

우리 주님 자신이 전쟁의 투사요 완전 승리자이신 것처럼 신앙 전투에 용감하고 승리하는 성도를 사랑스러워하고 기뻐하신다. 술람미 여인은 신앙으로 살지 못하도록 방해하는 자, 주위의 환경 등 악조건들을 다 이겼기 때문에 왕이 칭찬하신 것이다. 오늘 우리도 신앙을 방해하는 주위의 환경과 온갖 악한 세력을 신앙으로 이기면 주님이 우리를 칭찬하시는 것이다.

---

21) 준마(駿馬) : 잘 달리는 좋은 말.

1:10. 네 두 뺨은 땋은 머리털로, 네 목은 구슬 꿰미로 아름답구나

솔로몬 왕은 술람미 여인을 계속 칭찬한다. **"두 뺨"**은 인격성을 상징하고, **"땋은 머리털"**은 화목성을 말한다. 8절의 3대 희생을 가지고 화평과 화목을 도모하는 것을 의미한다고 보는 것이다. 주님은 이것을 아름답게 보신다. 그러므로 주님은 불화(不和)를 일으키는 입술, 불화를 일으키는 행동을 싫어하신다. 왜냐하면 우리 주님 자신이 화목의 주체가 되시기 때문이다. 주님의 화목은 영원히 아름답다. 주님의 땋은 머리털도 영원히 아름답다. 그 향기가 충만하다. 주님은 하나님과 인간, 모든 만물, 이 사이의 불화를 제거하시고 영원한 화목을 이루시기 위해 화목의 제물이 되셨으니 주님의 화목은 영원히 아름다운 것이다. 그러니 모든 피조물들에게 세세토록 감사와 환영과 경배를 받으시는 것이다.

다시 말하면 "네 두 뺨은 땋은 머리털로 아름답다"라고 칭찬한 말은 "네 인격은 화목으로 단장했으니 아름답다"라고 하는 의미로 볼 때 인격은 물론, 화목의 장본인이요 주체이신 주님께서 이것을 닮은 성도를 기뻐하고 칭찬할 것은 당연한 것이다.

"네 목은 구슬 꿰미로 아름답구나"라는 말씀은, 마음 가운데에 품은 거룩한 포부와 뜻(**구슬**)이 외부로 나타나는 것(**목**)을 말한다. 그러므로 "네 속에 품은 뜻과 포부가 외부로 나타나는 것을 보니, 거룩하고 진실한 주님의 보혈 공로의 은혜와 진리와 영감과 포부가 매우 아름답구나"라고 하신 말씀인데, 우리는 진리와 영감을 따라 거룩한 성품을 이루어야 한다.

1:11. 우리가 너를 위하여 금 사슬을 은을 박아 만들리라

솔로몬 왕이 술람미 여인을 위해 대단한 장식품을 만들어 주겠다는 것이다. **"금"**은 영원성을 뜻하고 **"은"**은 성결을 뜻한다. 그러므로 "금 사슬을 은을 박아서 만든다"라고 하였다. 이의 영적 의미는, 우리 성도는 영원히 보배롭고 영원히 없어지지 아니하는 성결로써 준비하는 것을 말하는 것이다. 다시 말하면 그리스도 안에 있는 생명과 기업을 우리에게 모두 주시겠다는 말씀이며, 주님이 성도들을 위하여 만들어 주시는 흠 없고 고귀한 행위의 온전을 상징하는 말씀이다.

1:12(상반절). "왕이 상에 앉았을 때에"

이 말씀은 "주님이 성도의 심령에 찾아오실 때에"라는 의미이다. 세밀히 말하면 이 **"상"**은 왕의 신부가 자기의 전부를 다 기울여서 사랑하는 왕을 위하여 베풀어 놓은 잔치 자리를 말하고, **"앉았을 때에"**는 주님이 성도의 마음속에 찾아오심을 뜻한다. 성도가 주님을 궁구(窮究)해야 비로소 만나 주심으로 우리는 참된 즐거움과 담대함을 가지게 된다. 이보다 더 즐겁고 감사한 일은 없다. 주님을 모시면 모든 것이 해결된다.

1:12(하반절). "나의 나도 기름[22]이 향기를 토하였구나"

술람미 여인은 왕의 환심을 사고자 자신의 치장한 옷에 향품을 뿌려 향기가 진동케 했다. 누가복음 7장 36절[23] 이하에 보면, 예수님께서 바리새인의 집에 앉아 계실 때에 어떤 여인이 향유를 예수님의 머리에 부은 일이 있었다. 이처럼 "나의 나도 기름이 향기를 토하였구나"라고 하신 말씀은 사랑하는 주님이 내 마음 안에 찾아오셨을 때에 내 정성, 성품, 뜻, 생명이 주님에게로 기울여졌다."라는 말씀이다. 그럴 때에 주님은 즉시 우리의 마음을 향해서 찾아 와 주신다. 우리도 이 술람미 여인처럼 주님의 사랑을 향하여 나아가야 한다.

그리고 이 **"향"**은 성도의 기도를 뜻한다. 주님의 사랑에 무의식중에 끌리어서 주님을 자기의 깊은 심령 속에 모시게 되었고, 자기의 전부가 주님에게 다 기울어지게 된 것이니 감사요, 기도인 향인 것이다. 사랑하시는 주님이 찾아오셨을 때에 자기의 마음, 뜻, 성품, 정성, 생명 이 모든 것이 열정적으로 주님에게 다 기울어져서 주님의 사랑에 끌리어서 무의식 중에라도 피동적으로 끌려서 주님을 자기의 깊은 심령 속에 모

22) 나도 기름: 인도에서 자라는 나르드 식물에서 채취한 값비싼 향유.
23) 한 바리새인이 예수께 자기와 함께 잡수시기를 청하니 이에 바리새인의 집에 들어가 앉으셨을 때에 그 동네에 죄인인 한 여자가 있어 예수께서 바리새인의 집에 앉으셨음을 알고 향유 담은 옥합을 가지고 와서 예수의 뒤로 그 발 곁에 서서 울며 눈물로 그 발을 적시고 자기 머리털로 씻고 그 발에 입맞추고 향유를 부으니(눅 7:36-38).

시게 되었고 자기의 전부가 주님에게 다 기울어지게 된 것이니, 이것이 소망이요, 감사요, 기도 곧 향인 것이다.

1:13. 나의 사랑하는 자는 내 품 가운데 몰약(沒藥)[24] 향낭(香囊)[25]이요

술람미 여인은 12절에 이어 솔로몬 왕에게 계속 사랑을 고백한다. **"나의 사랑 하는 자"**라고 하는 말은 창세기 2장 23절[26]에 "내 뼈 중에 뼈요 살 중에 살이라"고 한 말과 같은 말인데, 나의 전부를 맡길 만한 자라는 의미이다. **"내 품 가운데"**는 성도의 중심에라는 말이고 **"몰약과 향낭"**이란, 몰약은 썩는 것을 방비하는 방부제요, 품안에 몰약 주머니를 가지고 있으니, 썩지 않고 향기가 나는 것처럼 내 중심에 주님을 모시니 죽음과 더러워짐이 제거되어 없어지고, 의로움이 조성되어 나의 인품과 행위가 주님 보시기에 아름답게 단장이 된다는 교훈을 나타낸다.

1:14. 나의 사랑하는 자는 내게 엔게디 포도원의 고벨화[27] 송이로구나

---

24) 몰약(沒藥) : 관목에서 추출한 향기로운 진액.
25) 향낭(香囊) : 향을 넣어서 차고 다니는 주머니.
26) 아담이 가로되 이는 내 뼈 중의 뼈요 살 중의 살이라 이것을 남자에게 서 취하였은즉 여자라 칭하리라 하니라(창 2:23).
27) 중동 지역에 자생하는 '헨나'라는 작은 관목.

역시 술람미 여인의 사랑 고백이다. **"나의 사랑하는 자"**란 주님을 비유한 것이다. **"내게 엔게디 포도원의 고벨화 송이로구나"** 이 "엔게디"에는 강이 있고 평야가 있고 거기에는 포도원이 있고 포도원 안에 고벨화도 많이 있다. 이 고벨화는 그 색깔이 붉은 것도 있고 노란 것도 있다. 그리고 향기가 있고 아름답다. 그런데 붉은색은 희생을, 노란색은 화목을, 향기는 복된 소식을, 아름다움은 영광을 뜻한다. 이렇게 엔게디 포도원에는 고벨화가 많이 있지마는 술람미 여인은 그중에 **한 송이 고벨화**만 보고 있다.

이것은 이 세상에는 온갖 종류의 희생과 화목과 복된 소식, 영광이 다양하고 무수하다. 종교, 도덕, 사상, 민족, 지방, 정치 등 희생과 화목과 복음과 영광에 있어서 그 종류가 심히 많다. 그러나 참된 성도는 이 많은 것 중에서도 자기의 정성과 심정을 다 쏟을 곳은 예수 그리스도뿐이다. 오직 예수 그리스도의 희생과 화목과 복음과 영광 여기에만 자기의 전부를 기울여서 쏟는 것이니, 이것을 가리켜서 "엔게디 포도원의 고벨화 송이"라고 말한 것이다. 이 세상에는 기쁜 소식, 복된 소식 등이 많지마는 예수 그리스도께서 우리에게 주신 하늘나라의 영광의 복된 소식, 이것만이 참이요, 기쁜 소식이다. 그런데 오늘 믿는 사람들을 보면 술람미 여인이 한 송이 고벨화만 바라보는 것처럼 예수 그리스도의 희생과 화목과 영광을 바라보지 않고, 예수 그리스도를 뒤로하고 다른 것을 보고 있다. 한 송이만 바라보아야 정절이 있는 여인인데, 두 송이 세 송이를 바라보면 음녀요, 창기이다. 우리는 술람미 여인처럼 한 송이 고벨화, 곧 예수 그리스도의 것만 바라보아야 한다.

1:15. 내 사랑아 너는 어여쁘고 어여쁘다 네 눈이 비둘기 같구나

이제는 솔로몬 왕의 고백이다. 술람미 여인의 칭찬의 말(12-14절)에 흡족하여 솔로몬 왕 역시 그녀를 높이는 것이다. **"어여쁘고 어여쁘다"**라고 두 번이나 말한다. 처음에 "어여쁘다"라고 하는 말은 5-7절에 말한 것을 칭찬함이고, 두 번째는 8절에 있는 것(목자의 3대 희생 등)을 칭찬함이다. 그러므로 여기에 "내 사랑아 너는 어여쁘고 어여쁘다"라고 한 것은 주님이 우리 성도들을 향해서 하신 비유적 말씀인데, 내가 네게 임할 때에 네가 내게로, '나도 기름'의 향기처럼 달려오는구나, 네가 내 사랑에 끌리어 무의식중에 열정적으로 네 전부를 내게 기울이는구나, 네가 나 하나에게만 소망을 두고 있구나, 땅 위에는 훌륭하고 유명하고 위대한 것들이 많이 있는데, 너는 그런 것들에게 소망을 두지 않고 나에게만 소망을 두고 있구나! 그러니 어여쁘고 어여쁘다고 말씀하신다.

이 세상에서도 보면 위대하고 훌륭한 사람에게 사랑을 받으면 만족을 느끼며, 영광이라고들 한다. 자기가 사랑하고 존경하는 분에게서 어여쁘다는 말을 들으면 영광으로 생각하고 그분과의 친분을 만족하게 여긴다. 하물며 천상천하의 모든 것을 지으신 전지전능하신 하나님, 어디든지 계시는 하나님, 이분이 우리를 향하여 어여쁘고 어여쁘다고 하신다면 이것은 영원히 만족스럽고 기쁘고 즐겁고 감사하고 영광 된 것이다. 그러므로 주님의 사랑에 붙들려 놓으면 꼼짝도 하지 못하고 어디든지 따라간다.

"네 눈이 비둘기 같구나" **"눈"**은 소망, 사상, 정신, 마음, 생각, 지식, 비판과 평가를 말하고, **"비둘기"**는 순결성, 정절, 정조성을 말한다. 그러므로 "네 눈이 비둘기 같다"라는 말씀은 "네가 신앙 정조를 깨끗하게 지키는구나, 네가 나만 바라보고 의지하고 따르는구나"라는 뜻이다.

1:16(상반절). 나의 사랑하는 자야 너는 어여쁘고 화창하다

술람미 여인은 솔로몬 왕을 칭찬하면서 그와 만나는 침상과 집을 17절까지 이어 말한다. **"나의 사랑하는 자야"**라고 함은 "내 전부를 맡길 만한 자야"라는 말씀이고, **"어여쁘다"**라고 하는 부분은 "믿을 만하다, 사랑할 만하다"라는 말씀이다. **"화창하다"**는 "존경할 만하다"라는 뜻이다.

1:16(하반절). 우리의 침상은 푸르고

"침상"은 교제, 기도를 말하고, **"푸른 것"**은 생명이다. 주님과 더불어 교제하는 것은 생명이요, 주님 밖에 나가는 것은 사망이요, 주님과 사이가 멀어지고 불화함은 멸망이다. 그러므로 이 말씀은 솔로몬과 술람미 여인과의 밀접한 관계를 통하여 주님과 우리 성도와의 밀접한 관계를 나타내신 것이다.

1:17. 우리 집은 백향목 들보, 잣나무 석가래로구나

"우리 집"은 반석 위에 지은 집인데, 주님과 우리가 합하여 지은 신앙의 집이요, **"백향목"**은 높이가 100자 이고, 둘레는 40자나 된다. **"백향목 들보"**는 큰 믿음을 뜻한다. 그리고 백향목은 사계절 동안 늘 푸르다. 이는 신앙의 절개를 뜻한다. **"잣나무 석가래"**란, 잣나무는 사시사철 청청한 신앙이요, 석가래는 지붕을 덮는 것으로서, 외부적으로 나타나는 것을 의미한다. 하나님의 진리대로의 행위, 곧 믿음·소망·사랑으로 되어 있는 신앙이 외부적으로 청청하게 나타나는 것을 말한다. 그러므로 우리의 집은 신앙의 집인데, 주님과 성도가 합해서 짓는 집이므로 먼저는 믿음·소망·사랑 이 3 가지 요소를 가지고 짓고, 외부로는 진리대로의 행위, 주님과 맺은 약속대로의 실행으로 짓는 것이다.

제 2 장

"여자들 중에 내 사랑은 가시나무
가운데 백합화 같구나"
(2:2)

제 2 장 1~17절

2:1. 나는 사론[28]의 수선화요 골짜기의 백합화로구나

이 말씀은 영적으로 그리스도 자신을 비유하는 신랑의 말이라고 본다. 수선화는 사론 들에 자생하는 꽃이다. **"나는 사론의 수선화요"**란 나는 자존자(自存者)라는 뜻이다. **"골짜기의 백합화로구나"**의 말씀은 세상을 구원하려고 피조물인 사람의 몸을 입고 이 땅에 오셔서 낮아지시고, 가난해지심으로(골짜기) 대속의 은혜를 입혀 주신 주님(백합화)을 상징한다.

그러므로 한편 성도의 입장에서 **"사론의 수선화요"**라고 하는 것은 아름답고 참사랑의 양식이 충만한 십자가 사활 대속의 은혜에 심기워져 있는 성도 자신의 축복에 대하여 주님께 감사와 감격을 노래하는 시적 표현인 것이다.

"골짜기"는 대속의 은혜를 입은 그리스도를 닮은 성도가 자기의 분수를 바로 아는 겸손함을 상징한다. **"백합화"**는 대속의 은혜를 입은 성도의 성결과 아름다움을 말한다. 그러므로 **"골짜기의 백합화로구나"**는 대속의 은혜를 입은 성도가 구원

28) 사론 : 지중해 동쪽, 팔레스타인 지방의 서쪽 욥바에서 갈멜 산 지역에까지 이르는 거대한 평원을 말한다. 이곳에서는 다양한 풀과 들꽃, 나무가 잘 자라므로 이곳은 목축지로도 유명하다.

의 은혜를 받음으로 한없는 감사와 감격을 고백하여 이제는 모든 것이 주님의 은혜로 된 것임을 깨달아 하나님 앞에 겸손함으로 나아가는 것을 상징한다. 이 모든 것이 십자가 구원의 은혜임을 오늘도, 영원히 찬송해야 할 것이다.

성경에 '은혜'라는 말은, 꼭 필요하고 중요한 것을 값없이 받는 것을 뜻한다. 부모님이 나를 낳아 주시고, 길러 주시는 것을 은혜라고 한다. 하나님이 부모님을 통하여서 나를 세상에 있게 하셨으니 하나님의 은혜이다. 하나님께서 복의 기관을 부모님으로 정하여 주셨으니 이 또한 은혜이다. 금이나 은이나 천하의 모든 귀한 것을 다 들여도 값을 낼 수 없는 선물인 것이다.

하나님의 은혜로 산다고 하지만 성도에게만 해당되는 것이 아니고, 하나님이 지으신 모든 피조물은 다 하나님의 도우심으로 살아가고 있다. 지음 받은 피조물로서 하나님의 은혜 없이 존재하는 것은 단 하나도 없다. 세상의 모든 사람과 만물들까지도 자연 은총 속에서 살아가고 있다. 그중에 성도들이 받는 은혜와 그 가치는 영원하고 무한하기에 측량할 수 없다.

목적(택함), 예정, 창조, 섭리, 대속, 중생, 성화 그리고 성경을 주신 은혜, 성령을 주신 은혜, 주일을 주신 은혜, 말씀을 주신 은혜, 말씀을 깨닫게 하시는 은혜, 말씀대로 살게 해 주시는 은혜, 부활의 은혜, 영원한 소망의 은혜 전부가 하나님이 주신 것이다. 전부 값 없이 공으로 받았다. 많은 것 중에 가장 귀한 은혜가 ① 구원의 은혜이다. 영원 전에 그리스도 안에서 우리는 하나님의 목적 대상이 되었다. 택함을 받은 성도들을 구속하시기 위하여 ② 도성인신하신 은혜이며, ③ 십자가에서 죽으시고 ④ 부활하신 대속의 은혜이며, 때가 되어 죽었던 영을 살리시는 ⑤ 중생을 통하여 믿음을 주신 은혜이다. 모든 은혜를 늘 생각하여야 하겠지만 특별히 이 5 가지 은혜는 절대로 잊어서는 안 될 것이다.

2:2. 여자들 중에 내 사랑은 가시나무 가운데 백합화 같구나

이것은 솔로몬 왕이 술람미 여인을 보고 말하는 것이다. **"여자들"**은 주님과 일반적 관계의 생활을 하는 성도들을 말한다. **"내 사랑은"** 술람미 여인과 같이, 주님과 깊고 밀접한 관계의 생활을 하는 성도를 보고 주님이 말씀하셨다. **"백합화"**는 대속의 은혜를 입은 성도를 가리키는데, **"가시나무 가운데에 백합화"**는 바람이 불면 가시나무 가운데 있는 백합화는 이리저리 흔들려 가시에게 찔려 찢기게 되고, 찢겨질수록 향기를 많이 날리게 된다. 이와 같이 땅 위에 있는 모든 죄악과 불법 중에 핍박과 환난을 받아도 예수 그리스도의 사랑만 나타내는 생활을 말한다. 그러므로 "내 사랑은 가시나무 가운데에 백합화 같구나"라고 하신 것은 "내 사랑 너는 이 땅 위에 온갖 죄악과 불법들로 인해 어떠한 핍박과 고난을 받아도 그 속에서 주님의 사랑만, 사활 대속의 사랑만 드러내는구나"라고 하시는 말씀이다.

2:3. 남자들 중에 나의 사랑하는 자는 수풀 가운데 사과나무 같구나 내가 그 그늘에 앉아서 심히 기뻐하였고 그 실과(實果)는 내 입에 달았구나

술람미 여인의 화답이다. **"남자들 중에"**는 "이 세상에 있는 모든 세력들 중에"라는 뜻이다. **"나의 사랑하는 자는"**이란 성도들이 사랑하는 주님을 지칭한다. **"수풀"**은 아가 1장 7절[29]에 나오는 한낮에 뜨거운 햇볕을 피하여 양과 함께 쉬는 곳인데, 신랑 되신 주님의 보호와 깊은 교제 가운데에 들어가는 것을 말한다. 성도들이 세상 권세와 타협하지 않고 고난 속에서 주님과 신령한 깊은 교제를 가질 수 있으니 참된 성도는 이 신령한 수풀 속에 들어가는 것을 기뻐한다. **"사과나무"**는 주를 위한 고난인데, 그 고난을 소원하여 기뻐 받는 것을 상징한다. 그러므로 참된 성도들은 평안할 때나 역경 중에나 고난 받을 때에 주님과 교통하는 것을 오히려 참된 기쁨으로 삼는다. 그래서 **"그 그늘에 앉아서 심히 기뻐하였고 그 실과는 내 입에 심히 달았구나"**라고 말한 것이다.

2:4. 그가 나를 인도하여 잔치 집에 들어갔으니 그 사랑이 내 위에 기로구나

술람미 여인이 3절에 이어 말한다. **"인도하여 잔치 집에 들**

---

29) 내 마음에 사랑하는 자야 너의 양 떼 먹이는 곳과 오정에 쉬게 하는 곳을 내게 고하라 내가 네 동무 양 떼 곁에서 어찌 얼굴을 가리운 자 같이 되랴(아 1:7).

어갔으니"라는 말은 환난 가운데에서도 성도가 복음을 전함에 있어서 피동이 되어 멈추지 아니하고 복음을 계속 전하게 하심을 말한다. 그러므로 주님을 사랑하는 성도는 환난에서도 복음을 증거하는 것을 잔치 집에 들어가는 것으로 알아야 할 것이다.

"그 사랑이 내 위에 기로구나" 여기의 **"기"**는 깃발이다. 무리의 특징을 나타내거나 다른 무리와 구별하는 표지이다. 교회의 깃발은 사랑이다. 그것은 하나님의 사랑, 예수 그리스도의 사랑이다. 예수 그리스도는 하나님의 사랑의 선물이시다.

> 하나님이 세상을 이처럼 사랑하사 독생자를 주셨으니 이는 저를 믿는 자마다 멸망치 않고 영생을 얻게 하려 하심이니라(요 3:16).

또 예수 그리스도의 십자가의 죽으심은 그 사랑의 확증이다.

> 우리가 아직 죄인 되었을 때에 그리스도께서 우리를 위하여 죽으심으로 하나님께서 우리에게 대한 자기의 사랑을 확증하셨느니라(롬 5:8).

> 사랑은 여기 있으니 우리가 하나님을 사랑한 것이 아니요 오직 하나님이 우리를 사랑하사 우리 죄를 위하여 화목제로 그 아들을 보내셨음이니라(요일 4:10).

2:5. 너희는 건포도로 내 힘을 돕고 사과로 나를 시원케 하라 내가 사랑하므로 병이 났음이니라

술람미 여인은 상사병에 걸렸다. **“건포도”**는 예수님의 피를, **“사과”**는 주를 위한 고난을 뜻한다. 그런데 주님을 사랑하므로 병이 난 것은 주님을 위해서 죽어야 그 병이 완전히 낫게 되는 것이다. ‘예수님의 피(건포도)’와 ‘고난(사과)’은 병을 낫게 하는 것이 아니고 주님을 사랑하는 데에 힘을 돕는 것뿐이다. 그러므로 사랑하는 자를 사랑하므로 병이 난 것은 사랑하는 자를 위해서 죽어야 만족함이 있는 것이지, 이것 외에는 다른 방법이 없다. 그 병이 완전히 낫게 되는 것은 사랑하는 자를 위해서 죽어야 한다. 그러므로 5절 말씀에 “내가 주님을 사랑하므로 병이 났으니, 예수님의 피 공로로, 고난으로 주님을 사랑하는 데에 힘을 돕게 해 달라. 주님을 위해서 죽기 전에는 만족이 없다.”라는 말씀이다.

2:6. 그가 왼손으로 내 머리에 베개 하고 오른손으로 나를 안는구나

솔로몬 왕의 사랑의 동작(포옹)에 대한 술람미 여인의 표현이다. **“왼손”**은 약속을 뜻한다. 그러므로 “왼손으로 내 머리에 베개 한다”라고 한 것은 “내 전부의 소원은 주님의 약속 위에 든든히 서 있다”는 뜻이다. **“오른손”**은 능력, 승리를 뜻한다. 그러므로 **“오른손으로 나를 안는구나”**라고 한 말은 주님의 능력이 나를 승리하게 하신다는 말씀이다.

주님을 바라봄으로 병이 났으니, 건포도 곧 주님의 피와 살을 먹어야 하고, 사과 곧 주님을 사랑하므로 고난을 받고, 희생하므로 기뻐하고 만족한다. 그리고 주님의 신실하신 약속을 우리의 소망으로, 우리의 기업으로 삼고, 주님의 능력 속에 들어가서 보호함을 받아야 한다.

2:7. 예루살렘 여자들아 내가 노루와 들사슴으로 너희에게 부탁한다 내 사랑이 원하기 전에는 흔들지 말고 깨우지 말지니라

술람미 여인이 제삼자인 예루살렘 여자들에게 부탁하는 말이다. **"예루살렘 여자들"**은 궁녀들인데 이들은 곧 이름만 가진 피상적인 신자들을 지칭한다.

"노루와 들사슴"은 우아하고 순진한 들짐승이다. 이 짐승들은 유대인에게 매우 애호되는 미의 상징이며, 상대방과의 서약을 위한 보증물이기도 하다. 사람들은 가끔 돈을 걸고 무엇을 부탁하거나 약속을 하듯이 술람미 여인은 저 아름답고 귀중한 노루와 사슴을 걸고("으로") 심각하게 약속을 다짐하듯 **"너희에게 부탁한다"**라고 한 것이다. 여기의 "너희"란 궁녀들이니 왕궁에서 시중만 들뿐, 왕과의 깊은 교제를 갖는 것은 아니다. 이것은 곧 주님과의 깊은 관계를 갖지 못하는 일반적이고 피상적인 신자들을 가리킨다. 이들에게 **"내 사**

랑이 원하기 전에는 흔들지 말고 깨우지 말지니라"라고 부탁을 하는 것이다. 이 부탁의 말은 지금 사랑의 기쁨에서 단잠을 자고 있는 왕을 깨우지 말라는 것이다. 이 기쁨의 단잠은 그리스도와 성도 간의 깊은 교제의 극치를 상징한다. 이러한 교제의 관계를 가진 성도는 그 어떠한 환난도 극복할 수 있는 것이다(롬 8:31-39).

내가 사랑하는 주님을 위해서 고난을 당해야 만족하니, 주님이 만족하시기 전에는 내가 이 환난에서 벗어나는 것을 원하지 아니하니, 너희들이 나를 감옥에서 나오게 하는 이 운동을 하지 말아라. 너희들이 이런 운동을 할까 해서 염려가 된다"라고 하는 말씀이기도 하다.

밤이 지나면 낮이 오고, 낮이 지나면 밤이 오는 것과 같이, 우리의 신앙 노정도 그러하다. 술람미 여인이 환난 가운데에서 즐거워한 것처럼, 참된 성도는 환난 가운데에서도 기뻐한다. 수풀 속에 사과나무와 같이 그리스도의 사랑에 붙들려서 즐거움을 누리고 있는 것이다. 뿐만 아니라 잔칫집에 들어가는 것처럼 고난 중에라도 복음을 전하는 것이다. 그리고 주님을 위해서 죽는 것으로 만족한다.

하늘에 속한 사랑은 생명을 이룬다. 주님은 하나뿐인 생명 있는 사랑을 우리에게 주시고자 한다. 땅에 속한 사랑은 사망만 이룬다. 그러므로 땅에 속한 사랑은 들에 꽃을 보고 자기 하나만 생각하고서는 그 꽃을 꺾어 집에 가지고 가서 보는 것과 같이 이기적인 사랑이요, 죽이는 사랑이다. 땅 위에 있는 사람은 자기의 유익을 도모하기 위해서 모든 것을 사랑한다. 그리고 교인들도, 교역자 중에서도 사랑하는 데에 있어서 자기 본위로, 입장, 평강, 소원, 만족을 위해서 사랑한다. 이것은 너무나 이기적인 사랑이요, 당파를 짓는 것, 땅에 속한, 무지한 사랑이다.

그러므로 주님의 사랑을 바르게 깨달아서 성도들이 사랑함에 있어서 상대방의 유익을 위해야 한다. 자기보다 남을 낫게 여겨야 한다. 안 믿는 사람이나, 믿음이 어린 사람은 술람미 여인과 같은 그런 신앙 사상과 행위를 이해하지 못한다. 술람미 여인과 같은 주님을 사랑하는 참된 성도는 환난을 당해도 주님의 불변의 약속을 자기의 소망으로 삼고, 주님의 승리의 능력을 의지하여 환난 가운데에서도 평안하게 지내는 것이다.

그러나 아무리 주님을 위해 어려움을 당한다고 해도 사과가 달지 아니하면 소용이 없는 것처럼 기쁨이 없으면 안 된다. 구레네 시몬처럼 억지로 십자가를 지는 것은 별 유익이 없다.

우리는 어떤 역경에서도 사과를 찾고 건포도를 먹어야 한다. 술람미 여인이 깊은 수풀 속에 들어 있으니까 다른 사람들이 이것을 보고 "저 여인은 수풀 속에 있으니까 햇볕을 보지 못한다"라고 생각하겠지만 이 술람미 여인은 사랑하는 자의 사랑에 붙들려 있기 때문에 기쁨과 만족을 누리고 있으니 이것은 예수님의 고난으로 맺어진 사랑의 사과인 것이다. 그러므로 우리 앞에는 잔칫집, 곧 복음 운동으로 잘 먹을 때가 있으니 이때가 우리 앞에 곧 올 것이다. 그때에 잘 먹도록 하고 또 주님을 사랑하고 위해서 주님의 뜻대로 살다가 죽을 것 뿐이다.

그러므로 술람미 여인이 "내 사랑이 원하기 전에는 흔들지 말고 깨우지도 말라"라고 한 것처럼 우리가 환난을 당해서 감옥에 있게 되면 주님이 원하시고 만족하시기 전에는 감옥에서 빨리 나오도록 기도하지 말고 주님을 사랑하고 위해서 환난을 이기고 잘 죽도록 하라고 모든 성도들에게 말해야 한다.

2:8. 나의 사랑하는 자의 목소리로구나 보라 그가 산에서 달리고 작은 산을 빨리 넘어오는구나

술람미 여인이 자기를 찾아오는 솔로몬 왕의 모습을 이렇게 묘사하고 있다. **"나의 사랑하는 자의 목소리로구나"** 이는 성도가 사모하는 주님의 음성인 말씀을 들을 때 기뻐해서 발하는 외침이다. 우리 뼈 중의 뼈요 살 중의 살이 되신 주님께서 믿음·소망·사랑·의(義) 등 온갖 좋은 것을 가지시고 우리를 향하여 달려오시되 산에서 달리듯이 온갖 장애물을 넘으며 찾아오시는데, 성도는 주님의 이러한 사랑을 먹고 산다.

"작은 산"은 인간이 알 수 있는 작은 거룩, 성결, 희생, 고난의 사랑을 깊이 생각하고 구하면 깨달을 수 있는 것을 가리킨다. 그리고 **"큰 산"**은 하나님만이 측량하실 수 있고, 생각하실 수 있는 초자연적인 성결, 희생과 고난의 사랑, 인간의 지능으로서는 상상할 수 없는 것을 상징한다.

그러므로 주님은 이런 성결과 희생과 십자가의 고난의 사랑으로 우리를 찾아오시고, 은혜 베푸신다. 이 주님의 성결과 사랑을 깨달은 자는 주님의 사랑에 붙들려서, 주님의 고난에 영원히 참여하여 기뻐하는데, 이것이 성도의 참된 모습인 것이다. 그러므로 우리는 예수님의 사랑에 뿌리를 깊이 박고 말씀의 터 위에 굳게 서서 들은 바 복음의 소망에서 흔들리지 말아야 한다.

"빨리 넘어오는구나"라는 것은 우리에게 큰 구원을 주시려고 삶의 현실 가운데 지체하지 않고 속히 오시는 주님의 사랑을 나타낸다. 한 차원 나아가서 이것은 주님의 재림을 고대하는 교회의 모습을 상징하는 표현이기도 하다.

2:9. 나의 사랑하는 자는 노루와도 같고 어린 사슴과도 같아서 우리 벽 뒤에 서서 창으로 들여다보며 창살 틈으로 엿보는구나

술람미 여인의 말이다. **"노루와 어린 사슴"**은 빨리 달리기도 하지만 작은 소리만 나도 어느새 멀리 달아나 버린다. 이와 같이 주님은 빨리 오셔서 보시고, 또 당신의 뜻에 맞지 아니한 것이 발견되면 금새 멀리 가버리신다. 진리에 맞지 않고 틀린 것이 하나만 발견되어도 우리를 떠나신다. 우리는 주님이 이런 분이심을 알고 조심 있게 응대해야 한다. 주님을 이런 분으로 깨달은 성도는 항상 조심하고 자기의 의무와 책임을 신중하게 다 이행한다. 그러므로 우리는 서로 사랑하는 사이일수록 조심하고 예의를 지키고 엄격해야 한다.

"우리 벽 뒤에 서서 창으로 들여다보며 창살 틈으로 엿보는 구나"라는 말은 사랑하는 자를 직접 대하여 보면 인격이 보이고, 틈으로 들여다보면 사랑하는 자의 모습을 다 볼 수 있다는 것이다. 그러므로 "주님이 벽 뒤에 서서 문틈으로 들여다보고 있다"라고 한 이 말은 주님께서 성도가 어디에 마음을 쏟고 있으며, 무슨 계획을 가지고, 어떤 행동을 하고 있는지 주의하고 계신다는 말씀이다. 벽 뒤에 서서 문틈으로 들여다보고 계시니 직접 대면할 때보다 더 조심하여 덕을 세우는 데에 힘을 쓰고, 언행심사를 매사에 조심해야 한다. 이것이 "하나님 앞에서" 산다는 "코람 데오"의 삶이다(각주 1번 참조). 주님께서는 우리의 말과 행동과 마음 씀씀이에 대해 관심을 기울이신다.

그러나 정작 우리 자신은 사람들에게 자기가 어떤 모습으로 비쳐지는지, 사람 본위로 마음이 가 있다면 주님과의 관계는 끊어질 수밖에 없다. 대단히 어리석은 일이다. 물론 자기의 부족하고 연약하여 잘못된 행위로 인해서 믿음의 형제들에게 신앙의 손해를 보였다면, 거기에 대해서는 살필 필요가 있다.

그러나 그런 것이 아니라 형제들이 자기를 어떻게 평가하는지에 대해서 귀를 기울인다고 하면 이것은 진리에 맞지 않는 일이다. 주님은 당신의 뜻에 맞지 아니 한 것이 우리에게서 발견되면 멀리 달아나시고 벽 뒤에 서서 창틈으로 엿보는 것처럼 우리의 언행심사의 행동을 하나하나에 주의하신다.

2:10. 나의 사랑하는 자가 내게 말하여 이르기를 나의 사랑, 나의 어여쁜 자야 일어나서 함께 가자

"나의 사랑하는 자"란 술람미 여인이 솔로몬 왕을 보고 하는 말이다. 이 솔로몬 왕은 곧 주님을 가리킴이고, **"내게"**란 술람미 여인 자신인데 이는 성도를 가리킴이다. 그러므로 **"나의 사랑, 나의 어여쁜 자야"**라고 하는 말은 솔로몬 왕이 술람미 여인을 향해 하는 말 곧 주님이 성도에게 하시는 말씀을 가리킨다(이 관계를 언제나 염두에 두고 본서를 읽어야 한다).

그러므로 **"일어나서 함께 가자"**라고 하심은, 신랑 되신 주님께서 신부 된 교회(또는 신자)를 향해 영적 침체 상태에서 깨어 일어나 함께 가자는 위로·격려·권면의 말씀이다. 영적 회복과 부흥을 위해서다.

주님의 말씀과 십자가의 고난의 사랑을 품고 새 힘을 얻어 살며 궁극적으로 나와 함께 천국에까지 가자는 주님의 사랑의 권면으로 받아들이면 은혜와 복이 될 것이다.

2:11-12. 겨울도 지나고 비도 그쳤고 지면에는 꽃이 피고 새의 노래할 때가 이르렀는데 반구(斑鳩)의 소리가 우리 땅에 들리는구나

솔로몬 왕의 말이 여기서 15절까지 이어진다. **"겨울도 지나고"** 이 말씀은 "환난이 지나고"라는 뜻이다. **"비도 그쳤고"**라는 말은 "악한 방해 세력의 활동도 그쳤다"는 뜻이다. 그리고 **"지면에는 꽃이 피고"**란 평안 무사한 때가 되었음을 말하는 것이다. 그러므로 "겨울도 지나고 비도 그쳤고 지면에는 꽃이 피고"라고 한 말은 "환난도 지나가고 악한 세력의 활동도 그치고, 시온의 아침, 곧 모든 사람에게 희망의 새 아침이 되었다"라고 하는 말씀이다. 그리고 **"새"**는 기회주의자를 말한다.

그런데 이 기회주의자는 평안할 때에 몰려다니면서 일을 벌인다. 그래서 **"새의 노래 할 때가 이르렀는데"**라고 말한 것이다. 그리고 **"반구(斑鳩)"**는 산비둘기를 말하는데 **"반구의 소리가 우리 땅에 들리는구나"**라고 한 말은 모진 환난 가운데에서도 신앙의 절개를 지킨 소식이 들린다"라는 말씀이다.

2:13(상반절). 무화과나무에는 푸른 열매가 익었고

역시 솔로몬 왕의 말이 이어진다. "무화과나무에는 푸른 열매가 익었다"고 한 것은 "다른 나무는 열매를 맺지 못했는데 무화과나무만 열매가 익었다."는 말인데, 이 무화과나무는 꽃이 사람에게 보이지 않게 열매를 맺는다. 이와 같이 참된 성도들은 남이 모르게 은밀하게 신앙의 결실을 가진다.

누가복음 22장 7절 이하에 보면 제자들이 유월절 준비를 할 때에 예수님께 "우리가 어디서 유월절을 준비해야 되겠습니까"라고 물었다. 그때에 예수님께서 제자들을 보시고 다음과 같이 말씀하셨다.

> 보라 너희가 성내로 들어가면 물 한동이를 가지고 가는 사람을 만나리니 그의 들어가는 집으로 따라 들어가서 그 집 주인에게 이르되 선생님이 네게 하는 말씀이 내가 내 제자들과 함께 유월절을 먹을 객실이 어디 있느뇨 하시더라 하라 그리하면 저가 자리를 베푼 큰 다락방을 보이리니 거기서 예비하라(눅 22:10-12).

이 사실은 제자들도 몰랐고 예수님만이 아셨다. 주님은 은밀한 중에 일하는 것을 기뻐하신다.

마가복음 11장 1절 이하에 보면, 예수님께서 제자 두 사람을 베다니에 보내시면서 이렇게 말씀하셨다.

> 너희 맞은 편 마을로 가라 그리로 들어가면 곧 아직 아무 사람도 타 보지 않은 나귀 새끼의 매여 있는 것을 보리니 풀어 끌고 오너라 만일 누가 너희에게 왜 이리 하느냐 묻거든 주가 쓰시겠다 하라 그리하면 즉시 이리로 보내리라(막 11:2-3).

위의 두 내용을 볼 때에 예수님께서 전지전능하신 신적 능력을 가지셨으므로 예수님께 편의를 제공하는 주인공들의 마음과 형편을 꿰뚫어 아시고 두 제자를 그렇게 시키셨다고

도 하고, 또 한편은 예수님께서 그 주인공들과의 사전 교섭이 있었을 것이라고도 한다. 어쨌든 우리가 여기서 취하려는 사실은 그 주인공들이 이름도 없이 빛도 없이 은밀하게 주님께 대해 희생적인 헌신 봉사를 했다는 것이다.

성도들 가운데는 이와 같이 남모르게 은밀히 헌신하는 충성된 봉사자들이 있다. 참으로 감격스럽고 존경스럽다. 주님은 이런 성도를 기뻐하시며 영광을 받으신다.

앞의 본문(아가 2:13)을 다시 보면, 무화과나무에만 열매가 익었다고 했는데 이 무화과나무는 꽃이 잘 보이지 않게 열매를 맺는다. 이는 은밀하게 신앙의 열매를 맺는 숨은 성도를 가리킨다. 또한 이것은 환난 가운데에서도 신앙의 절개를 지킨 사람들이 환난이 지나고 나니까 드러나게 되는 이치를 보여 준다. 주남선 목사님, 손양원 목사님, 주기철 목사님 이런 분들도 한번 환난을 통과하고 나니까 그 신앙 인격과 지조가 나타나게 되었던 것이다.

2:13(하반절). 포도나무는 꽃이 피어 향기를 토하는구나 나의 사랑, 나의 어여쁜 자야 일어나서 함께 가자

솔로몬 왕의 말이 연속된다. **"포도나무"**는 주님 자신을 가리키는 동시에 그 나무에 붙어 있는 가지인 성도를 가리킨다(요 15:1, 5). 성도가 주님께 붙어 있어 생명의 말씀의 진액을 공급 받으면 꽃도 피고 향기도 발하며 열매도 맺기 마련이다. 특히 주님의 구속의 은혜에 감격하는 자는 더 말할 것 없다. 성도 개인뿐만 아니라 믿음의 공동체인 교회 또한 같은 이치이다.

"일어나 함께 가자"란 10절에서 이미 말하였다. 여기서는 생명수를 가지시고 사랑하는 성도(또는 교회)를 찾아오셔서 소생시키시며 아름다운 자연을 산책하듯이 이 땅에서 주님과 동행하며 살다가 궁극적으로 영원한 천국에까지 함께 가자고 하시는 사랑의 권면이라고 믿는다.

2:14. 바위틈 낭떠러지 은밀(隱密)한 곳에 있는 나의 비둘기야 나로 네 얼굴을 보게 하라 네 소리를 듣게 하라 네 소리는 부드럽고 네 얼굴은 아름답구나

아직도 솔로몬 왕의 말이 계속된다. **"바위틈"**은 비둘기들이 독수리를 피해 둥지를 틀고 숨는 피란처이다. 성도의 피란처 곧 예수 그리스도를 상징한다. 비둘기는 순결한 성도를 상징한다.

"바위틈 낭떠러지 은밀한 곳에 있는 나의 비둘기"는 "고독한 자리에서 항상 고결한 생각과 높은 이상을 가지고 은밀하게 신앙 정조를 지키고 있는 자"를 가리킨다. 그러므로 일반 사람들은 주님과의 거리가 멀기 때문에 이해하기 어렵다.

"나로 네 얼굴을 보게 하라" "얼굴"은 인격의 표상인데 원어상으로는 과거형으로 되어 있다. 이 말은 "네 과거의 승리한 신앙의 인격을 나에게 보여 달라"는 의미이다. 그리고 **"네 소리를 듣게 하라"** "소리"는 사상을 의미한다. 이것은 미래형인데 "네가 남은 때에는 주님을 위해서 어떻게 살겠다고 하는 세밀한 생각을 내게 고하라"는 의미이다.

그러므로 **"네 소리는 부드럽고 네 얼굴은 아름답구나"**에서 신랑은 신부의 목소리가 부드럽고 그의 얼굴이 아름답다고 말하며 그의 얼굴을 보기 원하며 그 음성을 듣기 원한다. 주께서는 성도들의 목소리를 기쁘게 여기시고, 그들의 얼굴을 아름답게 보시며, 그들의 얼굴 보기를 원하시며, 그들의 음성 듣기를 원하신다.

우리는 어떻게 우리의 목소리를 주께 들리게 할 수 있는가? 그것은 주님께 은밀한 가운데 드리는 기도를 통해서이다. 우리가 주께 기도할 때 주께서는 기뻐 들으신다. 우리는 세상의 환난들 때문에 뒤로 물러나 숨지 말고 날마다 하나님의 은혜의 보좌 앞에 담대히 나아가서 하나님 앞에 올려 드리는 기도를 쉬지 말아야 한다.

아가 4장 8절에 보면 "사자 굴과 표범 산"이 나온다.

> 나의 신부야 너는 레바논에서부터 나와 함께하고 레바논에서부터 나와 함께 가자 아마나와 스닐과 헤르몬 꼭대기에서 사자 굴과 표범 산에서 내려다보아라

솔로몬이 술람미 여인에게 하는 말로서, 주님과 우리 사이

의 관계를 비유한 말씀이다. 술람미 여인과 솔로몬이 사자 굴과 표범 산에 갔다. 그들에 환경이 사자와 표범들이 우글거리는 사자 굴과 표범 산이니 이런 환경에서 술람미 여인이 의지할 대상은 오직 솔로몬뿐이고 그런 술람미 여인을 솔로몬은 자기 전부를 다하여 지켜 줄 것이다.

마태복음 10장 16절에 보면, "보라 내가 너희를 보냄이 양을 이리 가운데 보냄과 같도다 그러므로 너희는 뱀같이 지혜롭고 비둘기같이 순결하라"고 하셨다. "내가 너희를 보냄이 양을 이리 가운데 보냄과 같다"고 하신 말씀은 우리를 세상에 보내신 주님의 심정과 세상에 사는 우리의 환경을 비유하신 말씀이다.

문제는 이런 위험천만한 환경을 인식하느냐는 것이다. 사자 굴과 표범 산을 만난 술람미 여인은 필연적으로 솔로몬만 믿고 의지하고 바라보았을 것이다. 이와 같이 우리가 사는 세상은 악령이 왕이고 이 지배를 받는 세상의 모든 사람과 환경 전부는 악령의 부하들이다. 우는 사자와 같이 두루 다니며 삼킬 자를 찾고 있는 악령과 죄와 사망으로 가득 찬 세상이다. 죄악으로 가득 찬 세상, 나를 범죄케 하려는 악령의 미혹으로 가득 찬 환경이 바로 현재 내가 살고 있는 환경인 줄 알게 되면 주님만을 바라보고 의지하지 않을 수 없게 된다.

먼저, 죄악으로 가득 찬 세상, 범죄케 하려는 미혹으로 가득 찬 내 환경을 알고, 주님 한 분만이 나를 구원할 구주이

심을 굳게 믿어 의심치 말고 간절히 기도하면서 주신 말씀 꽉 붙들고 있는 힘 다하여 말씀에 순종하는 것, 이것이 바로 성도의 참된 생활이다.

2:15. 우리를 위하여 여우 곧 포도원을 허는 작은 여우를 잡으라 우리의 포도원에 꽃이 피었음이니라

술람미 여인이 소원하는 말이다. **"포도원"**은 하나님의 교회를 상징하고, **"여우"**는 우리 속에 있는 교회를 해하는 죄악을 말한다. **"작은 여우"**는 작은 죄악을 가리킨다. 그런데 과거에 승리한 성도들은 작은 여우와 같은 죄악성을 자기 속에서 뽑기를 힘썼다. 앞으로 어두운 세상이 오기 때문에 이 죄악성을 뽑지 아니하면 신앙을 다 빼앗긴다. 우리의 신앙 걸음은 무거운 걸음이기 때문에 여우 새끼와 같은 죄악을 뽑아야 한다. 뽑지 아니하면 실패한다. 그런데 믿는다고 하는 사람들 중에 옛사람을 멸하려고 하지 않고, 오히려 이것을 합리화시키려고 한다. 옛사람, 죄악의 근성을 뽑지 아니하면 아무리 열심히 신앙 생활을 한다고 해도 이것은 모래 위에 지은 집이요, 풀과 나무와 짚으로 지은 집이다(고전 3:12). 악령과 악성과 악습의 옛사람을 피와 성령과 진리의 새사람으로 오늘에 바꾸어 변화시켜야 한다.

2:16. 나의 사랑하는 자는 내게 속하였고 나는 그에게 속하였구나 그가 백합화 가운데에서 양 떼를 먹이는구나

술람미 여인이 솔로몬 왕을 목자로 비유하면서 하는 말이다. 우리는 창조적으로, 구속적으로 주님의 것이 되었다. 주님은 백합화 가운데에서(성결의 은혜 가운데에서) 양 떼인 우리 성도들을 먹이고 계신다.

2:17. 나의 사랑하는 자야 날이 기울고 그림자가 갈 때에 돌아와서 베데르 산에서의 노루와 어린 사슴 같아여라

"나의 사랑하는 자야"란 술람미 여인이 솔로몬 왕에게 한 말로서, 이는 성도가 주님에게 사랑을 표시하는 말이다. **"날이 기울고 그림자가 갈 때에"**란 어두움 곧 환난의 때를 말한다. 이 어두워지는 환난의 때에 주님이 나를 떠나지 말고 돌아와 달라는 간청이다. **"베데르 산에서의 노루와 어린 사슴 같아여라"**고 한 말은 베데르 산에서 뛰노는 노루와 사슴과 같이 빨리 와 달라는 것이다. 와서 저 노루와 사슴이 산에서 친밀하게 뛰놀 듯이 우리 함께 만나 마음껏 회포를 풀며 기쁨으로 행복한 밀회의 시간을 가져 보자는 소망이 어려 있는 독백이다. 이것은 성도(또는 교회)가 주님의 재림으로 구원의 성취를 고대하는 소망의 신앙을 상징한다고 본다.

제 3 장

"시온의 여자들아 나와서 솔로몬 왕을 보라
그 모친의 씌운 면류관이 그 머리에 있구나"
(3:11)

제 3 장 1~11절

3:1. 내가 밤에 침상에서 마음에 사랑하는 자를 찾았구나 찾아도 발견치 못하였구나

본문 1-5절은 어떻게 생각하면 술람미 여인의 꿈 또는 환상으로 보인다. 1절은 "내가 밤에 침상에서"라고 했으니 침상에서 자다가 꿈 가운데서 된 일이라고 할 수 있으나 2절에서는 "이에 내가 일어나"라고 했으니 꿈에서 깨어난 것을 나타내므로 그 이하에 된 일들까지 꿈이나 환상이라고 하는 것은 수긍이 되지 않는다.

성도가 신앙의 잠, 영적인 잠에 빠지면 주님을 잊어버리게 된다. **"내가 밤에 침상에서"**란 말은 우리 기독자가 진리가 없어 성령의 감화와 감동이 가리어진 개인적인 어두움의 때를 가리키는 밤이다. 왜 진리와 영감이 가리어졌는가? 자기 중심의 욕심으로 말미암아 죄를 지었기 때문에 욕심의 연기, 그로 말미암아 진리와 나 사이가 가리어지고, 영감과 나 사이가 가리어져 내가 어두워지게 되었다. 그래서 야고보서 1장 15절에는 욕심이 잉태한즉 죄를 낳고 그 죄가 장성하면 결국 사망을 낳는다고 말씀했다. 하나님과 나 사이를 끊어 버리는 그런 사망의 결과를 맺게 된다.

또한 "내가 밤에 침상에서"란 말은, 영적으로 타락된 부정적 모습을 비유적으로 시사하는 말이다. 요한계시록 2장 20절 이하를 보면, 두아디라 교회에 말씀하시기를, 하나님의 종들이 자칭 선지자라 하는 여자 이세벨의 유혹에 빠져 음행의 죄를 범하였으나 회개치 아니하므로 그들을 침상에, 큰 환난 가운데 던진다고 하셨다. 그 말은 믿음을 죽인다, 믿음의 잠을 자게 하겠다는 것이다. 믿음을 죽인다는 말은 하나님에게 순종하지 않으므로 하나님과의 연결이 끊어진 믿음을 말하고, 믿음의 잠을 잔다고 하는 것은 죽은 믿음을 뜻한다. 행함이 없는(불순종) 믿음은 그 자체가 죽은 것이다(약 2:17). 자신의 믿음이 생명력을 잃게 될 때 그 당하는 고통과 손해는 금생뿐만 아니라 영원한 하늘나라에까지 이르게 된다.

3장 1절 중반절에 **"마음에 사랑하는 자를 찾았구나"** 여기에 "마음에 사랑하는 자"란 "나의 영혼이 사랑하는 자", 즉 진정성을 가진 중심 어린 참된 마음으로 사랑하는 자를 뜻한다. 술람미 여인은 이런 마음으로 솔로몬 왕을 찾고 있다. 그는 결국 솔로몬을 만났다(4절). 이는 우리 성도가 주님을 찾되 이러한 마음을 다해 찾아야 만난다는 것이다(마 7:7, 잠 8:17).

중생된 영은 탄식을 하면서 자기를 구속하신 주님을 찾는다. 그러나 이 주님은 오늘 우리에게 와 계신다. 지금 여기에도 와 계신다. 우리의 영(靈) 안에 계시고, 밖에도, 내 앞에도 계신다. 이런 주님을 왜 만나지 못하는가? 내 마음과 몸이, 자기중심, 자기 위주의 욕심을 가지기 때문이다. 이것이 죄를 낳고 죄가 사망을 낳아서 주님과 끊어져서 어두워졌기 때문이다.

이 주님을 다시 만나는 방법은 예수님의 대속을 힘입는 길이 있고, 로마서 11:32~12:3[30]에 순서대로 찾아가는 방법도 있고, 또 오늘날 주님의 뜻을 문서 계시를 통해 영감으로 찾을 수 있다. 성도는 자신의 죄를 회개하고, 자기중심, 자기 위주의 악만 버리면 얼마든지 주님을 모실 수 있다. 나의 악을, 또 하나님 뜻에 어긋난 죄를 회개하면 밖에 계시는 주님을 영접하여 모실 수 있게 된다. 주님과 동행할 수 있는 길은 오늘 나에게 대한 하나님의 뜻을 찾으면 된다. 하나님이 하라는 것과 하지 말라고 하는 것, 주님이 기뻐하시는 것과 싫어하시는

30) 하나님이 모든 사람을 순종치 아니하는 가운데 가두어 두심은 모든 사람에게 긍휼을 베풀려 하심이로다 깊도다 하나님의 지혜와 지식의 부요함이여, 그의 판단은 측량치 못할 것이며 그의 길은 찾지 못할 것이로다 누가 주의 마음을 알았느뇨 누가 그의 모사가 되었느뇨 누가 주께 먼저 드려서 갚으심을 받겠느뇨 이는 만물이 주에게서 나오고 주로 말미암고 주에게로 돌아감이라 영광이 그에게 세세에 있으리로다 아멘 그러므로 형제들아 내가 하나님의 모든 자비하심으로 너희를 권하노니 너희 몸을 하나님이 기뻐하시는 거룩한 산 제사로 드리라 이는 너희의 드릴 영적 예배니라 너희는 이 세대를 본받지 말고 오직 마음을 새롭게 함으로 변화를 받아 하나님의 선하시고 기뻐하시고 온전하신 뜻이 무엇인지 분별하도록 하라 내게 주신 은혜로 말미암아 너희 중 각 사람에게 말하노니 마땅히 생각할 그 이상의 생각을 품지 말고 오직 하나님께서 각 사람에게 나눠 주신 믿음의 분량대로 지혜롭게 생각하라(롬 11:32~12:3).

것, 취해야 할 것과 취하지 말아야 할 것, 소원하는 것, 계획하는 것, 행동하는 것 등 내게 주신 현실에서 하나하나 순종하는 사람은 주님을 만날 수 있고 주님과 동행의 길을 걸어갈 수 있다. 그러기 때문에 오늘, 지금 나에게 원하시는 하나님의 뜻을 찾는 자가 주님을 만나려고 하는 자요, 찾은 그 뜻대로 행하는 자가 주님을 모시는 자가 된다. 그 말은 현실에 내게 대한 하나님의 뜻을 그대로 찾아서, 죄와 악에서 돌이켜 의를 행하면 주님은 우리의 만난 바가 되어 주신다.

3:2. 이에 내가 일어나서 성중으로 돌아다니며 마음에 사랑하는 자를 거리에서나 큰길에서나 찾으리라 하고 찾으나 만나지 못하였구나

술람미 여인이 침상에서 주님을 잃어버리고 거리와 큰길에서 찾으려 했지만 찾을 수 없었다. 성중, 거리, 큰 길은 사람들이 많이 다니는 곳이다. 통행인 중에 예수님이 계신 줄 알고 찾았으나 거기에 예수님이 계시지 않았다. 오늘날 성도들이 안일주의에 빠져 신앙에 열심을 내지 아니하면 주님을 잃게 됨을 교훈해 준다.

"이에 내가 일어나서" 일어났다는 말은 열심을 내라는 뜻이다. 성도는 모든 삶에 열심을 내야 한다. 이 '열심'이라는 단어를 성경적인 용어로 말한다면 '충성'이다. 요한계시록 2장 10절에서 성경이 말하는 충성을 볼 수 있다.

네가 장차 받을 고난을 두려워 말라 볼지어다 마귀가 장차 너희 가운데서 몇 사람을 옥에 던져 시험을 받게 하리니 너희가 십 일 동안 환난을 받으리라 네가 죽도록 충성하라 그리하면 내가 생명의 면류관을 네게 주리라

"죽도록 충성하라"는 뜻은 자기가 할 수 있는 힘을 다하는 정도를 말한다. 자기의 마음과 몸의 힘을 다해서 노력하는 것이다. 하나님 앞에 내 힘을 남겨 두고 하는 것은 진정한 충성이 아니다. 개인의 경건 생활도, 기도 생활도, 성경 읽는 것도, 맡겨 주신 인간 구원의 사명도, 주의 몸 된 교회나 복음 운동을 위해서 맡은 사명은 있는 힘을 다해서 충성하도록 해야 한다. 맡은 자들에게 구할 것은 충성이라고 했다(고전 4:2). 믿는 사람은 다 하나님의 종이며 청지기이다. 위치적으로나, 은사적으로나, 영원한 천국의 실력을 마련하는 면으로나 믿는 사람은 하나님 앞에 충성하는 것이 당연한 도리다. 자기의 마음과 힘과 뜻과 모든 것을 다 들여 충성해야 하겠다. 그러나 많은 사람들이 주님께 헌신을 다짐하고 충성을 맹세하지만 죽도록 충성한다는 것은 쉬운 일이 아니다. 늙어서 죽는 인생이 아닌 닳아서 없어지는 인생이 되게 해 달라는 글을 보았다. 수많은 간증들도 들어 보았다. 훌륭하고 아름다운 간증이 넘친다. 그럼에도 불구하고 죽도록 충성한다는 것은 어려운 일이다.

하나님은 우리의 헌신도 받으시지만 충성을 다하고 싶은 우

리의 마음, 중심도 받으신다. 죽을 만큼 노력해도 우리는 죽지 않는다. 주를 위해 죽을 만큼 노력하다 죽는 이가 얼마나 될까? 이것은 무엇을 말하는가? 충성이란 성도들의 힘만 가지고는 되는 것이 아니다. 열심을 각오하거나 충성을 다짐한다고 해서 되는 것이 아니다. 사람으로서는 한계가 있다. 피조물인 인생은 육체를 초월한 영적인 면을 감당할 수 없다. 오직 피와 성령과 진리가 주시는 능력만이 독수리처럼 창공을 향해 올라갈 수가 있다. 우리의 의지로 충성한다는 것은 불가능한 것이다. 순교하는 이들도 하나님의 성령과 진리와 주님의 대속의 은혜를 통하여 그들에게 믿음을 주셨기 때문에 가능했던 것이다.

주님의 피 공로의 은혜와 진리와 성령님의 도우심이 없이는 주를 위하여 산다고 하지만 불가능한 것이다. 우리가 믿음이 있어서 믿음으로 사는 것이 아니다. 믿음은 전적으로 하나님이 주시는 선물이다(엡 2:8). 우리는 충성할 능력도, 의지도, 부족한 존재이지만 주님이 함께하시면 생각을 초월한 능력이 내게 임하게 된다. 그 은혜를 받는 이것이 믿음의 신비요 기적이다. 믿는 사람은 이 기적을 누리며 살 수 있는 권세가 이미 부여된 존재이다. 경험한 자만이 이 변화산의 신비를 알 수가 있다. 주님이 함께하시면 충성도 헌신도 가능하다. 믿고 가면 반드시 목적지에 도달할 수 있음을 확신하고, 깨닫고, 담대히 나아가는 자들이 되어야 하겠다.

3장 2절 하반절에 **"큰길에서나 찾으리라 하고 찾으나 만나지 못하였구나"**라고 한 것은 술람미 여인이 침상에서 솔로몬, 즉 주님을 잃어버리고 거리와 큰 길에서 찾으려 했지만 못 만났다는 것이다. 아무리 살펴도 주님을 만나지 못했다. 노력을 해도 안 된다. 그렇다. 주님은 성중 거리나 큰길에서 만나지 못한다. 반드시 골방의 자리에서 만나 주신다. 중생된 성도에게는 성화 구원의 여정이 있기 때문에 주님을 구하면 되찾을 수 있도록 하나님께서 섭리하여 주신다.

3:3. 성중의 행순(行巡)[31]하는 자들을 만나서 묻기를 내 마음에 사랑하는 자를 너희가 보았느냐 하고

술람미 여인은 솔로몬 왕을 계속 찾고 있다. 성중(城中)의 행순하는 자는 성을 지키기 위한 파수꾼을 말하는데, 이것은 복음의 참된 사역자들, 말씀을 바르게 가르쳐 주는 인도자를 가리킨다. 주님을 가장 가까이 만나도록 가르치는 은혜의 기관들을 의미한다. 술람미 여인은 아가 5장 7절[32]에 보면, 잘못된 행순자를 만나 큰 손해를 보게 된 경우가 있었다. 이것은 우리 신자들이 교회 지도자들을 잘못 만나면 이단으로 빠지는 등 큰 피해를 당하는 일이 있음을 보여 준다. 그러

31) 행순(行巡) : 살피며 돌아다님.

32) 성중에서 행순하는 자들이 나를 만나매 나를 쳐서 상하게 하였고 성벽을 파수하는 자들이 나의 웃옷을 벗겨 취하였구나(아 5:7).

므로 교회 지도자의 책임이 크며, 신자들은 지도자를 잘 만나야 한다.

3:4. 그들을 떠나자마자 마음에 사랑하는 자를 만나서 그를 붙잡고 내 어미 집으로, 나를 잉태한 자의 방으로 가기까지 놓지 아니하였노라

술람미 여인은 마침내 솔로몬 왕을 만났다. 만나서 그를 붙잡고, 자기를 잉태하여 낳은 어미 집의 방으로 가기까지 놓지 않았다. 이것은 행순하는 자 곧 좋은 지도자를 만나 바른 가르침을 받은 후 그대로 힘써 나아감으로 예수 그리스도를 만나게 됨을 비유한다. 예수님을 만난 다음에는 그분을 꽉 붙잡아야 한다. 이제는 성도의 본질과 본성인 피와 성령과 진리로만 살아야 한다. 주님을 온전히 모시고 그분과 동행하는 삶을 영위해야 한다.

"나를 잉태한 자의 방"이란 영적으로 말하면 피와 성령과 진리로 새롭게 태어나게 하는 교회를 가리킨다. 교회는 복음의 모체가 되기 때문이다. 칼빈은 "교회를 '어머니'라 부를 수 있는 자라야 하나님을 '아버지'라고 부를 수 있다."라고 했다. 우리 성도들은 교회가 가르치고 전파하는 복음을 통해 새로 낳음을 받았다. 그래서 바울 사도는 "그리스도 예수 안에서 내가 너희를 낳았음이라"(고전 4:15)고 했다.

그러므로 우리 성도는, 예수 그리스도를 만난 다음에는 그를 붙잡고 어미의 집인 영적인 세계(교회)로 들어가 늘 주님의 사활 대속의 은혜 속에서 성령의 인도를 받으며, 말씀에 굳게 서야 생명의 역사가 일어나며 현실에서 그리스도의 형상을 이루어 나아가게 된다.

3:5. 예루살렘 여자들아 내가 노루와 들사슴으로 너희에게 부탁한다 사랑하는 자가 원하기 전에는 흔들지 말고 깨우지 말지니라

이 구절의 주해는 앞에서 이미 언급한 바이다(2:7 참조).

3:6. 연기 기둥과도 같고 몰약과 유향[33]과 장사의 여러 가지 향품으로 향기롭게도 하고 거친 들에서 오는 자가 누구인고

이 구절부터 11절까지는 누구의 말인가에 대해 여러 견해가 서로 엇갈린다. 술람미 여인의 말이라고도 하고, 한편은 제삼자인 예루살렘 시민들이 하는 말인 것 같다고 애매히 추론한다. 어쨌든 무엇보다 중요한 것은 그 말의 각 사항들에서 우리가 취할 수 있는 영적 교훈이 무엇이냐는 것이다. 6-11절은 마침내 두 사람이 결혼하여 결혼 행진(행차)을 하는 모습을 보여준다.

"연기 기둥과도 같고"라는 말은, 광야 길을 가는 이스라

33) 유향 : 유향나무의 진을 건조시켜 얻은 우윳빛 향료.

엘 백성들을 보호하고 인도한 "구름 기둥"을 떠올린다(출 13:21). 영적으로 주님을 표상하는 솔로몬 왕의 결혼 행차 모습이 이러하다는 것은 주님께서 성도들을 인도하시되 발에 등불이요 길에 빛이 되는 말씀(시 119:105)과, 보내 주시기로 약속하신 진리의 영, 보혜사가 되시는 성령님(요 14:16-17)을 통하여 인도해 주시는 주님이시라는 것을 상징한다.

"몰약과 유향과 장사의 여러 가지 향품으로 향기롭게도 하고" "몰약"은 썩지 않게 하는 방부제이므로 주님의 사활 대속으로 말미암아 사람들을 죄악으로 썩지 않게 하는 방부제의 역할을 하는 것을 비유한 것이다. 그리고 "유향"과 각종 향품들은 모든 악취를 제거하는 역할을 하듯이 이는 그리스도의 대속을 힘입음으로 말미암아 인간의 모든 죄악의 악취를 제거하고 성도에게서 그리스도의 향기, 생명에 이르는 냄새를 나게 하는 것을 의미한다(고후 3:15-16).

그리고 이 향품들은 성도의 기도를 상징한다(계 8:3-4). 믿는 성도라면 쉬지 말고 기도하여야 하고(살후 5:17), 늘 기도로 모든 일을 해결짓고 나아가야 한다. 즉시 돌발적으로 나가는 일이 없도록 해야 한다. 그렇다. 쉬지 말고 기도하는 것이 성도의 참된 삶이다. 이 말씀은 쉬지 말고 하나님을 생각, 즉 하나님의 뜻을 생각하고 하나님과 계속 교제하며 살라는 뜻이다. 기도라는 것은 하나님과 성도의 대화이며 의논이다. 하나님께 구하는 것이며, 하나님의 뜻을 생각하는 것이다. 잘

못된 것을 자복하는 것이기도 하다. 믿는 사람의 모든 생활은 신앙 생활이라고 말한다. 신앙 생활은 곧 하나님을 섬기는 생활이다. 대표적인 것이 예배 생활이다. 성도의 전 생활이 예배 생활이요 늘 하나님을 섬기는 생활이 되어야 한다.

세상을 살아가며 해야 할 모든 일들, 먹는 것이나 입는 것이나 일하는 것, 공부하는 것, 결혼하는 것, 자녀 낳고 양육하는 것, 돈을 버는 것, 자고 쉬는 것 등 이 모두가 하나님을 섬기는 생활이라야 한다.

하나님을 생각하는 것이, 하나님의 뜻을 찾는 것이, 찾은 뜻을 이루기 위해 하나님께 구하는 것이, 잘못된 것을 하나님께 자복하고 회개하는 것이, 하나님께 감사하는 생활이 쉬지 않고 계속되어야 한다는 의미에서 쉬지 말고 기도하라고 말씀하신 것이다. 이러한 기도를 두고 요한복음 15장 7절에는 "너희가 내 안에 거하고 내 말이 너희 안에 거하면 무엇이든지 원하는 대로 구하라 그리하면 이루리라"고 말씀하셨다.

그러므로 성도는 어떤 상황 어떤 형편 속에서도 기도해야 할 것을 잊지 말아야 한다. 하나님이 우리의 기도를 들어 주실 때까지, 이루어 주실 때까지 계속 기도해야 한다. 그리고 하나님의 뜻을 찾아 하나님의 뜻대로 기도하는 자가 되어야 하겠다. 이렇게 사는 사람이 깨어 기도하는 사람이다.

"거친 들에서 오는 자가 누구인고?" 거친 들이란 이 세상을 가리킨다. 하나님의 교회는 거친 들, 험악한 세상을 통과하고 있다. 교회는 외부적으로는 아무 보잘것이 없으나 속은 여러 가지 향품으로 아름답게 단장하였고, 그 안에 예수님을 모시고 거친 들과 같은 세상을 통과하고 있다.

3:7. 이는 솔로몬의 연(輦)[34]이라 이스라엘 용사 중 육십 인이 옹위(擁衛)[35]하였는데

"이는 솔로몬의 연이라" "연"은 솔로몬 왕으로 더불어 결혼할 신부가 탄 가마이다. 솔로몬은 주님을 지칭하는데 주님의 신부 된 우리가 주님의 품에 가마를 타듯이 안긴다. 주님의 사활 대속의 의를 입고 기도하고, 현실에서 썩지 않는 생활을 하고, 아름다운 믿음의 행위의 향을 나타내는 생활을 하는 자가 주님과 영적으로 결혼할 수 있는 가마를 탈 수 있다.

"이스라엘 용사 중 육십 인이 옹위하였는데" 솔로몬의 가마는 이스라엘 용사 60 인이 옹위하고 있다. 이들은 왕의 가마를 들고 그것을 경호하는 자들이다. 다음 절을 보면 이들은 다 칼을 잡고 싸움에 익숙한 자들이며 밤의 두려움 때문에 각기 허리에 칼을 찼다고 했다. 솔로몬 왕은 예수 그리스도를 상징하며, 그의 가마는 교회를 상징한다.

만왕의 왕이신 우리 주 예수 그리스도께서는 우리를 태우시고 밤 같은 세상을 통과하여 천국에 이르게 하신다. 그 수

---

34) 연(輦) : 가마의 일종.
35) 옹위(擁衛) : 부축하여 호위함.

행원들은 능력의 천사들과 그의 충성된 종들이다. 세상은 악하며 악령들의 활동이 많은 두려운 밤이지만, 주의 천사들과 종들은 유능한 용사들이다. 교회는 능력의 천사들이 옹위하고 있고 또 주께 헌신한 충성된 종들이 있기 때문에 밤 같은 세상에서도 안전하다. 주의 충성된 종들은 주 안에서 강건하여 마귀와 악령들의 세력과 싸워야 할 예수 그리스도의 좋은 군사들이다(엡 6:10–13).[36]

3:8. 다 칼을 잡고 싸움에 익숙한 사람들이라 밤의 두려움을 인하여 각기 허리에 칼을 찼느니라

앞에서 말한 60명의 이스라엘 용사들은 다 칼을 잡고 싸움에 익숙한 사람들이다. 즉 죄와 사망과 마귀를 격파하는데 능한 사람, 익숙한 사람들이다. 믿음의 싸움을 많이 싸웠고 승패에 연단이 많음으로 이제는 싸움에 능숙한 성도들이 되었다. 천사도 물론 같은 믿음의 사람들을 옹위해서 진리와 성령의 검을 가지고 이렇게 성도를 보호한다.

"밤의 두려움을 인하여 각기 허리에 칼을 찼느니라" 죄와

36) 종말로 너희가 주 안에서와 그 힘의 능력으로 강건하여지고 마귀의 궤계를 능히 대적하기 위하여 하나님의 전신갑주를 입으라 우리의 씨름은 혈과 육에 대한 것이 아니요 정사와 권세와 이 어두움의 세상 주관자들과 하늘에 있는 악의 영들에게 대함이라 그러므로 하나님의 전신갑주를 취하라 이는 악한 날에 너희가 능히 대적하고 모든 일을 행한 후에 서기 위함이라(엡 6:10–13).

사망과 마귀의 세력들로 인해 어두워진 밤 같은 세상에서 능히 싸워 승리하기 위해 허리에 칼을 찼다. 진리의 검, 성령의 검을 항상 준비하고 있는 자들이다. 환난과 사이비한 유혹의 밤의 두려움을 인하여 각기 성령의 검, 진리의 말씀으로 자기를 든든케 무장해야 한다. 그러므로 성도가 앞으로 환난을 이기려면 성경을 많이 읽어 사이비하고 유혹적인 이단 세력을 구별해야 한다. 성경에 무엇이라 말씀하셨는가? 사이비한 유혹을 성경과 영감이 아니고서는 이길 수 없다. 오직 성경 말씀과 기도로 칼을 차야 한다.

3:9. 솔로몬 왕이 레바논 나무로 자기의 연을 만들었는데

만주의 주시며, 만왕의 왕이신 그리스도께서 십자가의 구속 사역으로 성도가 탈 연 곧 가마를 레바논 나무로 만드셨는데 그것이 곧 교회이다.

레바논은 사람이 올라갈 수 없는 높은 곳에 눈이 사시사철 녹지 않는 산이다. 이곳은 성화된 주님의 대속의 의를 입고 있는 사람을 비유한다. 주님과 하나 될 수 있는 사람은 어떤 사람이어야 하는가? 최고급의 건축재인 레바논 백향목(또는 잣나무)으로 가마를 만든 것과 같이 주님의 사활 대속의 의에 가마를 타고 언제나 변하지 않는 하나님의 형상으로 성화된 사람이라야 가마를 타고 주님과 하나 된 삶을 살 수 있다.

3:10. 그 기둥은 은이요 바닥은 금이요 자리는 자색 담(毯)[37]이라 그 안에는 예루살렘 여자들의 사랑이 입혔구나

"그 기둥은 은이요" 은은 성경에 성결, 즉 성화를 말한다. 사활 대속의 의를 입고 성결로 성화된 자라야 이 가마를 탈 수 있다.

"바닥은 금이요" 금은 믿음을 말한다(벧전 1:7 참조). 성도가 믿음을 가져야 이 가마를 탈 수 있는 사람이 되어진다. 성화의 기초는 믿음의 순종으로 이루어 갈 수 있다.

"자리는 자색 담이라" 이것을 원문대로 정확하게 해석하면 자색 담으로 가마의 지붕을 덮는 것을 말한다. 가마의 지붕 덮개인 자색 담은 예수님의 피 공로를 말하는데 주님의 피로 말미암아 우리의 죄와 허물이 다 씻어졌다. 이 대속을 입는 자가 가마를 탄다.

"그 안에는 예루살렘 여자들의 사랑이 입혔구나" 그 가마를 탄 신부의 자리는 모든 성도들의 사랑과 앙모가 집중 옹위하여 있는 위치이니, 이는 성도가 주와 하나 되어 있기 때문에 주를 향한 모든 것이 이 신부를 향한 모든 것이 되어진 위치이다. 사람들이 이해하지 못해도 자신이 주님과 같이 연결되어지는 것이 가장 영광 된 위치이다.

---

37) 자색 담(毯) : 이 한자는 '담요 담'자인데, 여러 성경들에서는 옷감의 '천', '깔개', '방석' 등으로 번역하였다.

3:11. 시온[38]의 여자들아 나와서 솔로몬 왕을 보라 혼인 날 마음이 기쁠 때에 그 모친의 씌운 면류관이 그 머리에 있구나

"시온의 여자들아 나와서 솔로몬 왕을 보라"는 것은 술람미 여인이 솔로몬 왕을 자랑하는 말이다. **"혼인 날"**은 예수 그리스도께서 육신의 몸을 입고 이 땅에 오셔서 십자가에 못 박혀 죽으시고, 부활하신 모든 것이 혼인 날에 해당된다. 예수님은 신랑이시다. 우리를 찾아오는 신랑이시고, 십자가에 못 박혀 죽으시고, 부활하셔서 우리를 구원하심으로써 성도는 신부[39]가 되었다.

"혼인 날 마음이 기쁠 때에" 주님으로 결합되는 시기, 환난의 때인 혼인 날, 마음이 기쁠 때, 신부와 결혼하려고 오는 솔로몬 왕, 시온의 여자들아 이 솔로몬 왕을 보라는 것이다. 가마를 탄 신부인 성도가 주님과 같고, 주님은 성도와 같은 측면을 보여 준다. 우리를 볼 때 주님을 보는 것 같고, 주님과 결혼할 수 있는 모든 자격을 갖추고 오는 성도를 볼 때, 주님을 보는 것 같다. 이러한 관계를 빌립의 요청과 주님의 대답

---

38) 시온 : 예루살렘 남동쪽 기드론 골짜기와 티로페온 골짜기(Tyropeoean valley) 사이의 조그마한 구릉을 말한다. 이는 원래 가나안의 여부스 족속이 거주하던 요새였으나 후에 다윗 왕이 점령해 이곳을 다윗 성이라 칭했다(삼하 5:6-10). 그리고 점차 이는 예루살렘 전체를 대표하는 명칭으로 사용되었다.

39) 내가 하나님의 열심으로 너희를 위하여 열심 내노니 내가 너희를 정결한 처녀로 한 남편인 그리스도께 드리려고 중매함이로다(고후 11:2).

에서도 엿볼 수 있다. 빌립이 "주여 아버지를 우리에게 보여 주옵소서" 이렇게 요청하니까 예수님이 "나를 본 자는 아버지를 보았거늘 어찌하여 아버지를 보이라 하느냐"(요 14:8-9) 라고 하셨다. 그래서 우리가 성화된 성도, 믿음의 성도들, 순결한 성도들 주님의 대속의 피를 항상 입고 사는 성도들은 바로 거기에서 하나님의 형상을 찾을 수 있다.

"그 모친의 씌운 면류관이 그 머리에 있구나" 이 면류관은 솔로몬 왕의 어머니 밧세바가 아들의 혼인을 축하하여 씌워 준 것을 말한다. 이것은 세상의 환난 가운데서 믿음으로 승리하여 얻은 면류관이 그 머리에 있다는 뜻이다. 예수님도 땅에서 승리한 믿음의 면류관을 쓰셨다. 그러므로 신부된 우리도 이 면류관을 써야 주님과 결혼을 할 수 있다는 뜻이다.

참 신랑 되시고 참 신부 된 주님과 우리 사이의 결혼이 얼마나 좋은 것인지 그것만이 참된 결혼이라는 것을 보여 준다. 주님과의 이 결혼도 그냥 되는 것이 아니라 힘을 써서 되어지는 것이다. 주님의 사활 대속으로 내가 중생 되어서 예수님을 믿을 수 있도록 부름 받았다고 다 된 것이 아니다. 여기에서 주님과 나 사이가 이런 가마를 타고 주어진 현실마다 그때그때마다 영적으로 하나가 되어지는 것, 즉 주님과 성도 간의 신령한 교제가 맺어지고 유지되는 것이 주님과 성도 간의 결혼이요 결혼 생활인 것이다.

가면 갈수록 모든 소원과 생각과 뜻과 영광과 부요가 점점 더 하나가 되어져 가는 것, 다른 이질의 요소가 제거되고 모든 소원과 생각과 뜻과 영광과 부요가 하나 되어지는 것이 온전한 결혼이 아닌가? 주님과 우리 사이의 결혼은 영원히 결합되어 가는 것이다. 한 번에 끝나는 것이 아니다. 그러나 결혼식을 올려서 한 부부가 된 그 자체만 해도 얼마나 큰 영광인가? 그 결혼이 온전히 되어서 내가 주님을 점점 닮아 가고 주님은 나의 모든 부족을 채워주시는 이 결혼 역사가 바로 우리가 땅 위에서 이루어 나가는 건설 구원이며 영원히 이루어 나가야 할 우리의 구원이다.

제 4 장

"…네 입은 어여쁘고 너울 속의
네 뺨은 석류 한 쪽 같구나"
(4:3)

제 4 장 1~16절

4:1. 내 사랑 너는 어여쁘고도 어여쁘다 너울[40] 속에 있는 네 눈이 비둘기 같고 네 머리털은 길르앗[41] 산 기슭에 누운 무리 염소 같구나

4장 1절로부터 5절까지는 신랑인 솔로몬 왕이 신부인 술람미 여인을 향해 그 몸의 아름다운 부분을 칭찬하는 말로서, 이것은 하나님(또는 그리스도)의 신부가 된 교회(또는 신자)는 어떻게 단장해야 되고 어떻게 구비해야 되는 것을 여러 모양들을 끌어서 가르쳐 주고 있다.

"너울 속에 있는 네 눈이 비둘기 같고" 결혼식장에 들어가는 신부는 너울을 쓰고 한 걸음씩 앞으로 걸어간다. '너울'은 우리가 알다시피 신부가 쓰는 것이다. "너울 속"이란 우리 주님의 대속 안을 상징한다. 주님의 대속 안에서 사는 성도는 그 눈이 비둘기 같다는 뜻이다. 비둘기는 정조 있는 날짐승이다. 너울을 쓴 신부는 뒤나 옆을 볼 수 없음 같이 성도의 눈이 주님 한 분만 바라보고, 주님의 대속의 사랑과 그 부활의

40) 너울 : 근동 지방 여자들이 외출할 때 얼굴을 가리는 얇은 수건.
41) 길르앗 : 요단강 동북부 길르앗 지방의 구릉지이다. 목초가 무성하여 가축을 방목하기에 적합하다(민 32:1).

권능만 믿고, 신랑 되신 주님의 신부(성도)로서의 정절을 지키며 나아갈 때에 그 눈은 순결한 비둘기의 눈같이 아름다운 것이다.

"네 머리털은 길르앗 산 기슭에 누운 무리 염소 같구나" 신부인 술람미 여인의 머리털이 얼마나 아름다운지를 "길르앗 산 기슭에 누운 무리 염소"에 비유하여 말했다. 이 산 기슭은 풍요한 초장인데, 실컷 배불리 먹고 자유롭게 뛰놀며 자란 염소는 그 털이 유난히 검고 윤기가 난다는 것이다. 이러한 신부의 아름다운 머리털의 모습을 신랑이 극찬하는 것이다.

이 머리털의 구실에 대한 일반적 상식은, 온몸을 지배하는 머리(두뇌) 부분을 보호하고 얼굴의 아름다운 조화를 이루는 것이라고 본다. 이는 창조주의 지혜로운 솜씨의 표현일 것이다. 성경에 밝혀진 바로는, 여자의 긴 머리털은 자기에게 영광이 된다고 했다(고전 11:15). 그렇다면 만물과 사람을 지으시고 "좋았더라"(창 1:31)고 연발하신 하나님께도 그 머리털의 모습 역시 좋게 보이고 영광이 될 것이다.

그리고 이 여자의 머리털은 헌신을 상징하기도 한다. 요한복음 12장에 보면, 나사로의 누이 마리아가 값비싼 향유를 예수님의 발에 붓고 머리털로 그 발을 씻었다고 했다. 또한 누가복음 7장 37절 이하에는 죄인인 한 여자가 예수님의 발 곁에 서서 울며 눈물로 그 발을 적시고 자기 머리털로 씻고 그 발에 입맞추고 향유를 부었다고 했다. 이들은 물질과 마음과 몸을 전적으로 바친 진정한 헌신의 모본을 보여 주었다.

우리의 영적 얼굴의 신령한 머리털은 신랑 되신 주님 보시기에 어떠한가? 신앙적, 도덕적 경건미가 윤기 있게 반짝이는가? 그러기 위해서는 길르앗 산의 풍요로운 초장과 같은 주님의 목장(교회)에서 말씀의 꼴을 실컷 배불리 먹음으로써 영양을 충족하게 섭취하고 자유로운 신앙적 환경에서 자라고 성숙하게 될 때 그 머리털의 모습은 주님의 극찬을 받게 될 것이다. 따라서 신부(성도) 자신에게도 영광이 되며, 신랑(하나님-주님)에게도 영광이 되며, 나아가서 헌신의 제물로서 신앙의 극치에 이르게 될 것이며 하나님께는 큰 기쁨이 될 것이다.

4:2. 네 이는 목욕장에서 나온 털 깎인 암양 곧 새끼 없는 것은 하나도 없이 각각 쌍태(雙胎)[42]를 낳은 양 같구나

양이 목욕을 하고 나면 배가 고파서 더 많이 먹게 되고, 또 양이 털을 깎이우면 풀을 배나 먹고, 쌍태를 낳은 암양이니 배나 먹는다. 이것은 주님의 사랑을 받은 신부는 하나님의 말씀 사모함이 간절하며 그 사모함이 점점 왕성해지는 것을 비유한 것이다. 먹은 것을 잘 씹어 소화시킴으로써 온몸이 윤택

---

42) 쌍태(雙胎) : 쌍둥이.

하여 아름다워지는 것이다. 아름다운 신부는 하나님의 말씀, 곧 영혼의 양식을 먹을 때, 새김질을 잘함으로 말미암아 그 영혼이 하나님의 형상으로 성화되어진다.

다시 말하면 신부의 이가 양털같이 희고 양의 쌍태처럼 상하가 쌍쌍이 가지런하게 잘 맞추어져 보기도 아름답고 음식을 잘 씹어 먹을 수 있어 좋다는 것이다. 이것은 교회(신자)의 순결과 말씀을 잘 흡수해 소화할 수 있는 기능과 교회 전체의 질서 정연한 모습을 상징한다.

4:3. 네 입술은 홍색 실 같고 네 입은 어여쁘고 너울 속의 네 뺨은 석류 한 쪽 같구나

신부의 입술의 홍색은 건강미를 띤 모습을 나타낸다. 믿음의 건전한 성도는 무슨 일을 시키시든지 넉넉하고 담대하게 주의 일에 충성함으로 주님을 기쁘시게 한다. 신부가 약하면 그 입술이 하얗게 되니 주님의 근심거리가 된다. 신랑이 기뻐할 수 있는 신부는 건강해야 한다.

또 그 입은 어여쁘다고 했다. 그 입에서 나오는 말은 항상 우리 주님의 십자가 보혈과 하나님의 뜻인 진리와 성령의 감화와 감동을 받아 생명의 말씀이 담겨 있어서 죽은 자를 살리고, 슬픈 자에게 기쁨을 주고, 외롭고 고독한 자에게 위로와 사랑의 말씀을 전함으로 영원한 생명을 얻게 한다.

"너울 속 네 뺨은 석류 한 쪽 같구나" 쪼개어진 석류 한 쪽

은 묘한 붉은 색을 드러낸다. 신부의 뺨이 석류의 빛처럼 홍조를 띤 모습은 신랑 앞에서 부끄럼을 타는 순진성(처녀성)과 겸손을 보여 준다. 이는 성도가 주님의 구속의 은혜를 생각함으로 자신의 죄가 부끄러워 죄송스럽게 여기며 겸손한 자세를 가지는 것을 상징한다. 또한 석류 속의 붉은 한 알 한 알은 피 묻은 십자가의 구속의 사랑을 마음에 품고 주님의 뜻을 하나씩 하나씩 이루어 드리며 성도 자신도 믿음이 알알이 성숙해 가는 모습을 표상함이라고 본다.

4:4. 네 목은 군기를 두려고 건축한 다윗의 망대 곧 일천 방패, 용사의 모든 방패가 달린 망대(望臺) 같고

신부의 목을 군사 용어들로 비유하여 표현했다. 즉 군기(무기), 방패, 용사, 망대 등이다. "망대"란 적의 동태를 사방으로 살피며 성읍의 요새를 지키되 수비와 공격을 목적으로 성문에 높이 세워진 군사 시설이다. 특히 다윗의 망대는 일천 용사의 방패 등 무기가 갖추어져 있다. 그래서 국내외를 막론하고 모든 싸움에 익숙하여 전쟁에 진 적이 없다. 나라가 평안을 누리려면 원수가 침입하지 못하도록 방비 조치를 철저하게 잘함으로써 태평성대를 누리게 된다.

주님의 신부인 우리 성도는 저 망대와 같은 신령한 목을 가졌다. 목을 좌우로, 위아래로 돌리며 망을 보고 이단 사술, 마귀의 세력들이 침범하면 단번에 격퇴시켜야 한다. 이 대적들이 내 마음 안에 들어오지 못하도록 막는 굳센 믿음이 있어야 한다. 또 대내적으로 내 속에 있는 옛사람의 행사(악령의 유혹 받은 악성과 악습)가 들어와 내 마음을 흔든다 할지라도, 목에서 꾹 눌러 밖으로 나오지 못하도록 절제하는 굳센 믿음이 있어야 한다. 그래야 대외전과 대내전의 승리로 인하여 주님을 기쁘시게 하는 신부가 될 수 있다. 따라서 주님께 영광을 돌리게 된다.

그리고 목은, 위의 머리와 아래의 몸체를 접속하는 것처럼, 우리 성도들은 서로가 머리 되신 그리스도와 몸이 되는 성도들을 연결하는 목과 같은 역할을 함으로써 신랑 되신 그리스도로부터 사랑과 칭찬을 받도록 해야 할 것이다.

4:5. 네 두 유방은 백합화 가운데서 꼴을 먹는 쌍태 노루 새끼 같구나

백합화 같은 좋은 환경에서 꼴을 먹고 자라는 쌍태 노루 새끼는 얼마나 토실토실하고 귀엽고 아름답고 사랑스러운지 모른다. 신부의 육체(유방)미가 이렇다는 것은 곧 그의 육적인 유방의 미가 그처럼 우아하고 신비롭고 사랑스럽다는 것이다. 그 까닭은 백합화 가운데서 꼴을 풍성히 먹고 자랐기 때문이다. 이 백합화는 곧 신랑이며(아 2:1), 이 신랑은 주님이시며 목자이시므로 이 목자의 인도하심 가운데서 풍성한 은혜와 말씀의 꼴을 먹고 자란 성도(시 23편)는 그와 같은 모습을 보여 준다는 것이다.

그러므로 이 사실을 목회적 측면에서 적용할 수도 있을 것이다. 즉 유방은 젖을 먹임으로 새끼를 기르는 역할을 한다. 목회자는 자기에게 맡겨진 양 떼를 신앙으로 잘 양육하여 성장시키는 사역을 주력해야 한다. "두 유방"이란 어린 신앙을 기르되, 두 면으로 길러야 한다. 예를 들면, 옳고 바른 것을 이론적으로 가르치는 교훈의 면도 필요하지만 신앙이 어리기 때문에 생활 속의 실질적인 지도와 관리가 필요하다. 즉 말씀과 심방 사역이라 할 수 있다. 다시 말해 교훈과 생활 지도라는 두 부분으로 기른다는 뜻이다. 말씀이 교훈을 의미하듯, 심방의 면이 생활 지도라고 볼 때 좀 넓은 의미에서 행정이라고 할 수 있다. 교회가 설교만 강하고 행정이 뒷받침되지 아니하면 원만한 성장에 문제가 있다. 그러나 반대로 행정만 있고 교훈이 없다고 한다면 이것 또한 바른 교회가 아니다.

어린 신앙을 기를 때에는 목회자나 구역장이나 교사나 누구든지 교훈과 함께 실제 지도하는 행정면이 함께 있어 두 방면으로 균형 있게 길러야 한다는 점을 '2 개'의 유방으로 표현할 수 있겠다. 베드로후서 1장 5-7절에 보면 '믿음' 하나만 가지지 말고, 믿음 위에 덕을 더하여 가지라는 말씀처럼 '교훈'을 가지되 그 교훈이 행정이라는 현실 지도까지 더해질 때, 어린 신앙을 바르게 길러낼 수 있다.

성도들의 첫 단계인 '믿음'에 '덕'을 더하여서 단계적으로 점점 자라가도록 해야 한다. 그래야 정상적인 성장으로 원만한 신앙인이 된다. '믿음'은 하나님과 우리들의 관계를 말씀하셨고, '덕'은 사람과의 관계를 말씀하셨으니 성도의 신앙은 하나님 앞에 순종하는 믿음이 가장 앞서야 하고, 그다음에는 죄가 되지 않는 한 다른 사람 앞에서 '덕'을 가짐으로 갈수록 점점 자라는 신앙이 될 것이다.

4:6. 날이 기울고 그림자가 갈 때에 내가 몰약 산과 유향의 작은 산으로 가리라

여기서는 때와 신랑 자신의 마음 방향의 의지를 보여준다. 해가 져서 기울면 그림자는 없어진다. 따라서 어두워진다. 이와 같이 말세의 때가 되면 진리가 귀해지고 인본주의와 유물주의 신앙이 판을 치게 되며, 옳고 그름을 구별하기 어렵게 된다. 참된 신본주의 신앙을 유지하기 어렵게 된다는 뜻이다. 또 산은 절정을 말한다. 밤중에 신랑을 만나는 것처럼 성결도 기도도 절정을 향하여 나아가기를 쉬지 말아야 한다. 완전한 하나님의 것을 거저 받는 길은 자기로서는 더 이상 할 수 없는 정도까지 다 드려야 주신다. 그 경지가 산꼭대기 곧 절정이다. 우리는 절정에서만 주님을 만날 수 있다. 세상이 혼탁하여 참된 것을 구별하기도, 성결을 유지하기 어려운 말세에 어디로 가야 주님을 만날 수 있는가?

"몰약산"으로 가야 주님을 만난다. 몰약은 방부제이다. 속화, 타락되지 않기 위하여 전력을 다하는 중에 주님을 만난다. 불변의 신앙, 주님과 맺은 약속은 어떤 박해나 위험이 와도 변하지 않고, 끝까지 지킨 절정의 신앙이 된다.

"유향의 작은 산" 향품은 기도를 상징함을 앞에서 이미 언급했다(1:12). 개인 기도의 절정으로 가야 주님을 만날 수 있다. 기도 없이 하나님 뜻을 찾을 수 없고, 타락한 말세에는 합심 기도를 기대하기 어렵다. 이런 때일수록 개인 기도로 하나님을 가까이 따를 수 있다. 하나님의 사람 모세의 기도, 다니엘의 기도, 사드락 메삭 아벳느고 세 친구의 기도, 겟세마네 동산에서 하신 주님의 기도는 다 유향의 작은 산, 절정의 기도였다. 유향의 작은 산에서의 기도는 말세에 하나님의 권세와 능력을 힘입어 세상을 이기며 감당해 나간다.

4:7. 나의 사랑 너는 순전히 어여뻐서 아무 흠이 없구나

주님의 대속의 은혜 안에서 믿음으로 말미암아 의롭다 하심(칭의)을 입어(롬 3:22-24; 5:1) 진리와 영감을 따라 행하는 중에 있는 성도는 주님 보시기에 아름답고 흠이 없다.

4:8. 나의 신부야 너는 레바논에서부터 나와 함께 하고 레바논에서부터 나와 함께 가자 아마나와 스닐과 헤르몬 꼭대기에서 사자 굴과 표범 산에서 내려다 보아라

"나의 신부야" 두 사람은 결혼식을 마쳤으므로 솔로몬 왕은 술람미 여인을 이제 "나의 신부야"라고 부른다. 이와 같이 사랑하는 주님께서 구속 받은 성도들을 이렇게 부르신다. **"레바논 산"** 성결의 절정이다. **"아마나 산"** 견집(견고히 붙듦)의 절정이다. **"스닐 산"** 갑옷, 믿음의 보호의 절정이다. **"헤르몬 산"** 단절의 절정이다. **"사자 굴과 표범 산에서"** 주님을 만난 형편과 사정이다. 사자 굴과 표범 산이기에 오직 주님만 바라보는, 주님과 가지는 밀접한 교제이다.

4:9. 나의 누이, 나의 신부야 네가 내 마음을 빼앗았구나 네 눈으로 한 번 보는 것과 네 목의 구슬 한 꿰미로 내 마음을 빼앗았구나

"나의 누이, 나의 신부야" 결혼을 하고서 신부가 됐는데도 왜 "누이"라고 겸하여 호칭할까? 이는 신부를 극진히 사랑함으로써 왕직을 계승할 수 있는 혈통적 자격자로 높인 것이다. 주님께서 성도를 신부라고 하시는 동시에 "누이"라고 하실 수 있는 근거는 ① 주님 자신이 성육신하심으로 우리와 같은 혈육이 되셨고(요 1:14; 히 2:11, 14), ② 주님의 하나님 아버지가 우리 성도의 아버지가 되시며(요 20:17; 롬 8:14-15), ③ 하나님의 뜻대로 행하는 성도는 주님의 형제자매가 된다(마 12:50)고 하셨기 때문이다. 그러므로 우리 성도는 왕직의 자격을 부여 받게 된 것이다(딤후 2:11-12; 엡 3:6; 계 20:5).

"네 눈으로 한 번 보는 것과 네 목의 구슬 한 꿰미" 이 두 가지가 신랑의 마음을 빼앗았다고 한다. 신부의 애정을 띤 눈짓, 곧고 화사한 목에서 금상첨화로 보배로운 주옥 꿰미를 둘렀으니 그 아름다움에 신랑의 마음은 반했을 것이다. 이의 영적 의미는, 전자는 성도가 중심에 어린 마음으로 주님을 전적 믿고 의지하고 바라보는 신앙을 특히 주님께서 기뻐하심을 가리키고(눅 7:6-9; 히 11:6), 후자는 목에 두른 장식들을 하나님의 율법에 입각한 부모의 훈계와 법을, 그리고 영혼의 생명이 되는 지혜와 근신을 가리킨다고 했다(잠 1:8; 3:21-22).

이 잠언과 아가의 기록자가 동일한 솔로몬 왕이니 여기 아가 본문의 말씀도 일맥상통한다. 이에 한 걸음 더 나아가 이 목의 구슬 꿰미의 의미를 생각할 때 떠오르는 것은 이는 주옥 같은 복음 진리의 말씀을 목에 걸다시피 갖추고 애송하고 지키면 주님께서 얼마나 좋아하시겠느냐는 사실이다(신 6:6-9 참조).

4:10. 나의 누이 나의 신부야 네 사랑이 어찌 그리 아름다운지 네 사랑은 포도주에 지나고 네 기름의 향기는 각양 향품보다 승하구나

신랑은 신부의 사랑이 심히 아름답고, 그 사랑이 포도주보다 낫다고 말한다. 포도주는 맛이 있고 즐거움을 주는 음료를 가리킨다. 참되고 충성된 성도들은 주님을 죽기까지 사랑한다. 그 사랑에 대하여 주님께서는 넘치도록 갚아 주신다고 하셨다. 주님께서는 마가복음 10장 29-30절에서 다음과 같이 말씀하셨다.

> 예수께서 가라사대 내가 진실로 너희에게 이르노니 나와 및 복음을 위하여 집이나 형제나 자매나 어미나 아비나 아내나 자식이나 전토를 버린 자는 금세에 있어 집과 형제와 자매와 모친과 자식과 전토를 백 배나 받되 핍박을 겸하여 받고 내세에 영생을 받지 못할 자가 없느니라

사도 바울은 빌립보서 3장 7-8절에서 이렇게 고백했다.

> 그러나 무엇이든지 내게 유익하던 것을 내가 그리스도를 위하여 다 해로 여길뿐더러 또한 모든 것을 해로 여김은 내 주 그리스도 예수를 아는 지식이 가장 고상함을 인함이라

신랑은 또 신부의 기름의 향기가 모든 향품보다 낫다고 말한다. 그 기름의 향기는 진리와 성령의 역사로 말미암은 성도들의 선과 의를 가리킨다. 진리와 성령을 따라 행한 믿음의 행위들은 어떤 것보다 향기롭다.

4:11. 내 신부야 네 입술에서는 꿀 방울이 떨어지고 네 혀 밑에는 꿀과 젖이 있고 네 의복의 향기는 레바논의 향기 같구나

신랑은 신부의 입술에서 꿀 방울이 떨어지고 혀 밑에는 꿀과 젖이 있다고 말한다. 하나님의 말씀은 꿀보다 더 단 음식

이다. 시편 19편 10절에서는 "금 곧 많은 정금보다 더 사모할 것이며 꿀과 송이꿀보다 더 달도다"라고 했다. 하나님의 말씀은 또한 젖보다 더 유익한 양식이다. 성경 말씀에 근거하고 그것에 합한 내용으로 하나님을 찬송하고, 그에게 기도하며 피차 권면하는 성도의 말은 젖과 같고, 꿀 방울 같다. 그것은 하나님께서 기뻐 받으시고 많은 사람에게 구원의 유익을 끼친다. 신랑은 또한 신부가 레바논의 향기, 곧 레바논 백향목의 향기와 같다고 말한다. 성도들의 의복(향기)은 예수 그리스도로 말미암은 의와 또 거기에 뿌리를 두고, 열매를 맺는 성도들의 의롭고 선한 행실들을 상징한다. 사도 바울은 빌립보서 3장 9절에서 다음과 같이 고백하였다.

> 그 안에서 발견되려 함이니 내가 가진 의는 율법에서 난 것이 아니요 오직 그리스도를 믿음으로 말미암은 것이니 곧 믿음으로 하나님께로서 난 의라

4:12. 나의 누이, 나의 신부는 잠근 동산이요 덮은 우물이요 봉한 샘이로구나

"나의 누이"란 말은 한 태(胎)에서 나왔다는 뜻이다(4:9 참조). 성도는 모두 예수 그리스도의 구속의 보혈로 말미암아 하나님께로부터 났으니, 즉 한 피를 받아 한 형제자매가 되었으므로 사랑스런 여동생과 같으니 "나의 누이"라고 애칭할 수도 있다.

"나의 신부"는 주님의 배우자 곧 성도(또는 교회)를 영적 의미로 신부라 한다고 여러 번 언급해 왔다. 하나님 아버지의 자녀요 예수님의 배우자가 되는 성도는 어떤 마음을 가져야 하는가? "잠근 동산", "덮은 우물", "봉한 샘"이어야 한다고 했다.

"잠근 동산이요" "잠근 동산" 같은 성도의 마음에는 주님만 출입하지 다른 것은 드나들 수 없는 것을 두고서 하는 말씀이다. 성도의 마음은 세상 아무것도 용납하지 아니하고 또 다른 무엇이 함부로 할 수 없는 그런 마음이어야 한다. 그 시대나 세상의 문화, 부귀, 영화, 어떤 유혹의 죄악이 자유로 들어왔다 나갔다 할 수 없도록 자기 마음의 문을 굳게 잠가서 잘 단속함으로써 외부의 해를 받지 아니하고, 주님만이 자기 마음에 계심으로, 그 마음에 온갖 아름다운 신덕(信德)을 나타낼 수 있는 진리가 자기 속에 가득 차 있는 마음 상태이다. 이것은 마치 아름다운 꽃과 향을 나타내는 나무들, 또 아름답고 맛있는 과실을 맺는 나무들이 울창한 동산과 같은 상태이다.

그러므로 우리 믿는 사람들은 자기 속에 있는 영감과 진리로 어떤 형편, 현실을 마주해도 의의 열매를, 사랑의 열매를, 진실의 열매를, 믿음의 열매들을 가득히 맺어서 세상에 향기를 날리는, 덕을 끼칠 수 있는 준비가 되어 있는 잠근 동산이요, 각종 향목과 과수와 모든 아름다운 꽃나무들이 가득 차 있는 마음 상태가 되어야 한다. 이것을 주님이 무척 원하신다.

"덮은 우물이라" 덮은 우물의 생수는 외부의 잡것이 섞이지 않은 생수 곧 순수한 복음의 진리(성경)를 지칭한다. 이 진리의 생수로 말미암아 구원의 은혜를 마음에 간직하게 되고, 또한 이 생수는 대속의 사죄와 칭의와 새 생명을 주신 이 은혜를 깊이 느껴 감사하고 감격하게 한다. 주님께서는 이런 마음을 기뻐하고 원하신다.

"봉한 샘이로구나" 안에 생수는 가득 찼는데, 봉해 놨기 때문에 자기 마음대로 길을 가는 사람들이 떠먹지를 못한다. 자기 속에 있는 진리를, 또한 영감을 아무도 빼앗아 가지 못한다. 어떤 현실이 닥쳐도 구속에 대한 영감을 아무도 가져가지 못하고 해치지 못한다. 이것은 "봉한 샘"과도 같다. 또한 이것은 성도의 신앙 정조를 상징한다고도 한다.

4:13-14. 네게서 나는 것은 석류나무와 각종 아름다운 과수와 고벨화와 나도초[43]와 나도와 번홍화[44]와 창포와 계수와 각종 유향목과 몰약과 침향[45]과 모든 귀한 향품이요

43) 나도초 : 히말라야가 원산지이며 북인도에서 주로 자라는 마타리과의 방향성 식물로 그것을 정유하여 만든 '나도 기름'은 상류층 여인의 향수로 사용되었다.

44) 번홍화 : 붓꽃과의 다년초로 엷은 자주색의 꽃이 피는 방향성 식물.

45) 침향 : 고급 약재와 향료의 원료.

신랑은 신부에게서 석류나무와 각종 아름다운 과실나무가 난다고 말한다. 이것은 교인들의 선한 인격과 행위의 열매들을 가리킨다. 또 신랑은 신부에게서 고벨화와 나도초와 나도와 번홍화와 창포와 계수와 각종 향나무와 몰약과 침향과 모든 귀한 향품이 난다고 했다. 여기에 열거된 것들은 향나무와 향품인데 그것들은 구약 시대에 하나님 앞에서 붓는 향유로 쓰인 관유의 재료들을 포함한다. 이런 것과 관련된 내용이 출애굽기 30장 23-25절에 기록되어 있다.

> 너는 상등 향품을 취하되 액체 몰약 오백 세겔과 그 반수의 향기로운 육계 이백오십 세겔과 향기로운 창포 이백오십 세겔과 계피 오백 세겔을 성소의 세겔대로 하고 감람기름 한 힌을 취하여 그것으로 거룩한 관유를 만들되 향을 제조하는 법대로 향기름을 만들지니 그것이 거룩한 관유가 될지라

향나무과 향품은 성도들의 선한 인격과 행위들을 표상한다. 이는 주께서 기뻐하실 만하며, 사람들에게도 칭찬 받을 만하며, 기쁨을 주는 것임을 의미한다. 기본 구원을 얻은 성도는 현실 중에 참된 성화 구원의 열매를 맺어야 하겠다. 이 열매에 관한 다음 성구들을 새김질하면 좋은 결과에 이를 것이다.

> 너희가 과실을 많이 맺으면 내 아버지께서 영광을 받으실 것이요 너희가 내 제자가 되리라(요 15:8).

> 오직 성령의 열매는 사랑과 희락과 화평과 오래 참음과 자비와 양선과 충성과 온유와 절제니 이같은 것을 금지할 법이 없느니라(갈 5:22-23).

> 또 우리 사람들도 열매 없는 자가 되지 않게 하기 위하여 필요한 것을 예비하는 좋은 일에 힘쓰기를 배우게 하라(딛 3:14).

4:15. 너는 동산의 샘이요 생수의 우물이요 레바논에서부터 흐르는 시내로구나

신랑 솔로몬 왕은 신부 술람미 여인을 '동산의 샘'이라고 했다. 이 샘은 동산의 풀과 나무들, 과실나무들에게 물을 공급하는 샘이다. 또 '생수의 우물'이라고 표현했다. 이것은 사람들을 시원케 할 수 있는 물이다. 또 그는 레바논 산에서부터 흘러내리는 시내라고 했다. 이는 곧 맑고 시원한 물을 공급하는 마르지 않는 시내이다. 이 샘물과 우물과 시냇물은 주님의 피와 진리와 성령의 역사를 상징한다. 예수님께서는 요한복음 4장 14절에 "내가 주는 물을 먹는 자는 영원히 목마르지 아니하리니 나의 주는 물은 그 속에서 영생하도록 솟아나는 샘물이 되리라"고 하셨다.

그리고 레바논 산 높은 곳에 사시사철 쌓여 있는 눈이 녹아 흐르는 물이 수원을 이루어 그 물이 언제나 마르지 않고 흘러내리는 레바논 시내는 끊임없이 역사하시는 성령 하나님을 상징한다.

4:16. 북풍(北風)아 일어나라 남풍아 오라 나의 동산에 불어서 향기를 날리라 나의 사랑하는 자가 그 동산에 들어가서 그 아름다운 실과(實果) 먹기를 원하노라

신랑의 찬사들(4:1-15)에 대한 신부의 화답이다. 북풍은 시원하거나 차가운 바람이다. 그것은 좋은 기후를 가져오기도 하지만 때로는 추위를 가져온다. 남풍은 따뜻하거나 더운 바람이며, 때때로 파종을 위해서나 추수를 위해서 시기에 적절한 비를 동반한다. 바람은 하나님의 주권 개별 섭리의 역사를 상징한다. 하나님께서는 우리에게 역경을, 때로는 평안의 현실을 주기도 하신다. 고난의 현실도, 평안의 현실도 성도의 마음에 십자가 구속의 은혜로 가득 차면 세상 어떤 것이 와도 이 구속에 감격한 마음은 흔들리거나 요동치 않는다.

제 5 장

"나의 사랑, 나의 비둘기, 나의 완전한 자야
문 열어 다고"
(5:2)

제 5 장 1~16절

5:1. 나의 누이, 나의 신부야 내가 내 동산에 들어와서 나의 몰약과 향 재료를 거두고 나의 꿀송이와 꿀을 먹고 내 포도주(葡萄酒)와 내 젖을 마셨으니 나의 친구들아 먹으라 나의 사랑하는 사람들아 마시고 많이 마시라

이 구절은 앞의 신부의 말(4:16)에 대한 신랑의 응답이다. 신랑 자신은 그의 동산에 들어왔고 그의 몰약과 향 재료를 거두었고 그의 꿀송이와 꿀을 먹었고, 포도주와 젖을 마셨다고 말한다. 그의 동산은 교회를 가리킨다. 신랑 되신 주님께서는 진리와 성령으로 교회 속에, 즉 성도들 가운데 오셨고, 지금도 그들 안에 계신다. 바울 사도는 고린도후서 13장 5절에서 다음과 같이 말씀하셨다.

> 너희가 믿음에 있는가 너희 자신을 시험하고 너희 자신을 확증하라 예수 그리스도께서 너희 안에 계신 줄을 너희가 스스로 알지 못하느냐 그렇지 않으면 너희가 버리운 자니라

"몰약과 향 재료"는 성도들의 선하고 의로운 행실을 상징하고, "꿀송이와 꿀"은 성도들의 입에서 나오는 하나님의 말씀들을 의미한다. 하나님의 말씀은 "꿀과 송이꿀"보다 더 달고 맛있는 영적 음식이다(시 19:10). 포도주와 젖은 이사야 5장 1

절의 다음 말씀과 상통하는 바, 영적 생명을 주는 모든 은혜를 가리킨다.

> 내가 나의 사랑하는 자를 위하여 노래하되 나의 사랑하는 자의 포도원을 노래하리라 나의 사랑하는 자에게 포도원이 있음이여 심히 기름진 산에로다

5:2. 내가 잘지라도 마음은 깨었는데 나의 사랑하는 자의 소리가 들리는구나 문을 두드려 이르기를 나의 누이, 나의 사랑, 나의 비둘기, 나의 완전한 자야 문 열어 다고 내 머리에는 이슬이, 내 머리털에는 밤 이슬이 가득하였다 하는구나

"내가 잘지라도"란 믿음의 잠을 자게 되는 이유는 주의 피공로의 은혜와 진리와 영감대로 살려고 할 때, 자기 안에 있는 옛사람을 싫어하지 않기 때문에, 믿음의 길을 양보함으로 마음이 어두워져서 믿음의 잠을 자게 된다. 옛사람이란 악령과 악성과 악습으로 되어 있다. '악'이라는 것은 자기중심, 자기 위주, 즉 자기가 주인이 되고, 자기가 하나님이 되려 하는 것이다. '악령'은 사탄을 말한다. 이 사탄은 원래 천사 중에 높은 자였는데 자기가 하나님이 되려다가 타락한 존재이다. 그래서 타락한 천사의 이름이 '악령'이다. '자기중심의 영'이란 뜻이다.

악성은 자기중심의 성품을 말하는데 '자기중심의 마음'이라고 할 수 있다. 마음은 생각, 인식, 사상, 사고방식, 욕심 등

으로 되어 있다. 이런 마음의 요소들이 하나님이 아닌 자기가 주인 되어 있는 상태를 '악성'이라고 한다. 하나님과 하나님의 말씀은 상관없이 제 마음에 먹고 싶으면 먹고, 자고 싶으면 자고, 하고 싶으면 하는 마음, 생각나는 대로 생각하고, 욕심나는 대로 욕심 품고, 자기를 기준해서 모든 것을 비판하고, 평가하고, 판단하고, 인식하는 마음들이 '악성'이다.

또 악습은 자기중심의 습성을 말한다. 이 습성을 자꾸 반복해서 몸에 익어진 상태를 말하는데, 그것은 하나님과 말씀에 대해서는 관계됨이 없이, 자기 좋은 대로 된 습성, 자기 좋은 대로의 버릇이 바로 악습이다.

악령이 사람을 미혹할 때는 마음을 통한다. 믿는 사람의 주인은 중생된 영인데, 악령이 세상의 온갖 좋은 것들을 가지고 마음을 미혹할 때 여기에 빠지면 악령이 그 자리에 들어와서 주인 노릇을 하게 된다. 악령이 마음의 주인이 되어 지배하면, 그 마음은 악성이 되고, 마음이 악령에게 붙들려 악성이 되면, 그 마음의 모든 작용은 자기중심이 된다. 그리고 악성 된 그 마음을 통하여 이번에는 몸을 미혹하여 악습이 되게 한다. 악령에게 붙들려 악성이 된 그 마음에게 몸이 붙들리면, 몸의 모든 언행심사는 자기중심으로 나타나게 된다.

악령과 악성과 악습에 미혹 받지 않으려면 마음이 하나님 대신 자기를 좋게 하고, 자기를 기쁘게 하고, 자기를 높이는 미혹에 빠지지 않아야 한다. 이렇게 악성이 된 마음의 모든 요소들에게 몸이 따라가지 않아야 옛사람과의 싸움에서 승리하는 성도들이 될 수 있다.

"마음은 깨었는데" 성도들은 주님과 말씀을 버리고 자기 주관과 세상을 따라가는 생활을 할 때, 심령이 차츰차츰 어두워진다. 성도는 깨어서 하나님과 동행하는 삶을 살아야 한다. 그렇다면 실질적인 하나님과의 동행은 어떻게 해야 하는가? 하나님과 동행하는 생활은 말씀으로 살아야 한다. 말씀을 간직함으로 신앙 양심을 기울여 사는 것이다. 말씀으로 살고, 신앙 양심으로 살면, 영감으로 하나님과 동행하는 생활이 된다.

성도는 하나님과의 동거 동행이 신앙의 최고 절정이다. 육신을 가지고 사는 인생이고, 물질 세상이기 때문에 눈에 보이고, 귀에 들리고, 접촉하여 느낄 수 있는 것이라야 알 수도 있고, 실감도 하고, 반응하며 살 수 있다. 그러나 신앙 생활은 보이지 않는 하나님을 섬기고, 보이지 않는 천국을 소망하고, 준비하며, 눈앞에 당장 결과가 나타나지 않는 말씀으로 사는 것이기 때문에 알기도, 느끼기도, 실제 살기도 어려운 생활이다. 그중에서도 하나님과 동행하는 신앙은 가장 어려운 절정의 신앙이다.

하나님은 형체가 없는 무형의 완전자이시다. 전지하고 전능하신 분을 알 수가 없는데 우리가 하나님을 알 수 있도록 당신을 나타내신 것이 바로 '말씀'이다. 이 말씀은 하나님에 대한 모든 것을 담아 두신 소개서라고 할 수 있다. 성경은 하나님의 사진판이라고 말한다. 하나님께서 당신에 대한 모든 것을 성경을 통하여 바로 알게 하신다. 성경을 아는 만큼 하나님을 바로 모시고 섬길 수 있다. 하나님과 동행한다는 말은 하나님을 모시고, 하나님과 함께 사는 것이다. 이것은 첫째가 말씀으로 사는 것이다. 신구약 성경 말씀을 읽고, 듣고, 배워 깨달아, 그 말씀을 마음속에 생각하며 생활하는 것이다. 이것이 하나님을 모시고, 하나님과 동행하는 생활인 것이다.

"나의 사랑하는 자의 소리가 들리는구나" 주님을 사랑해 보았기에 주님의 음성이 사랑스럽고 만나고 싶어 애타는 것이다.

"문을 두드려 이르기를" 우리 마음의 문을 두드림이니 회개하라는 말씀이다. 네 자신이 네 주인이 된 것을 주님을 주인으로 바꿔라, 그리고 주의 것이 되어 주님을 위해 살아라. 이것이 마음 문을 여는 것이다.

"나의 누이" 한 태(胎)에서 나왔다는 뜻이다. 성도는 다 예수 그리스도의 구속으로 하나님께로서 난 한 형제자매이므로 그 측면에서 "나의 누이"라고 애칭하였다(4:9, 12 참조).

"나의 비둘기" 비둘기처럼 항상 온유하고 순결하여 주님 보시기에 완전하고, 어떤 환난과 유혹의 어려움에서도 신앙의 정조를 지키고 있는 자야"라고 하는 말씀이다.

"나의 완전한 자야 문 열어 다고 내 머리에는 이슬이, 내 머리털에는 밤 이슬이 가득하였다 하는구나" "밤에 왔다"는 것은 주님이 성도들을 구원하시려고 하늘의 부귀와 영화를 다 버리고 육신으로 오셔서 가난해지시고, 낮아지시고, 고난을 받으시고, 조롱과 멸시와 천대를 받으시고, 십자가에 못 박혀 죽으시는 마지막 죽음의 고통의 자리에까지 이르시고, 영원히 우리와 함께하시고자 부활하셔서 신령한 몸을 입으셨다. 그리하여 우리가 받은 구원은 십자가 죽으심의 은혜가 반이요, 부활하심의 은혜가 반이다. 이렇게 지극히 큰 구원의 은혜를 받았음에도 배은망덕하는 자들이 있다. 그럼에도 불구하고 주님은 그들을 버리지 않으시고 사랑하셔서 마치 머리털에 밤 이슬을 맞으며 찾아오시듯 조용히 다정한 음성으로 회개를 촉구하시는 사실을 은유적으로 나타내는 말씀이다.

그러나 끝까지 배은 행위를 하는 당시 사람들을 향해 주님은 이렇게 탄식하셨다.

> 예루살렘아 예루살렘아 선지자들을 죽이고 네게 파송된 자들을 돌로 치는 자여 암탉이 제 새끼를 날개 아래 모음 같이 내가 너희의 자녀를 모으려 한 일이 몇 번이냐 그러나 너희가 원치 아니하였도다(눅 13:34).

5:3. 내가 옷을 벗었으니 어찌 다시 입겠으며 내가 발을 씻었으니 어찌 다시 더럽히랴마는

그리스도로 말미암아 옷 입어 살던 생활을 벗어 놓고, 내 것으로, 내 위주로, 내 중심에서 사는 것을 말한다. 이렇게 사는 자의 행태를 누가복음 14장 16-20절에 잘 보여 준다.

> 이르시되 어떤 사람이 큰 잔치를 배설하고 많은 사람을 청하였더니 잔치할 시간에 그 청하였던 자들에게 종을 보내어 가로되 오소서 모든 것이 준비되었나이다 하매 다 일치하게 사양하여 하나는 가로되 나는 밭을 샀으매 불가불 나가 보아야 하겠으니 청컨대 나를 용서하도록 하라 하고 또 하나는 가로되 나는 소 다섯 겨리를 샀으매 시험하러 가니 청컨대 나를 용서하도록 하라 하고 또 하나는 가로되 나는 장가들었으니 그러므로 가지 못하겠노라 하는지라

주님을 향하여 진리와 영감의 인도를 따라가는 길에는 십자가가 있는데, 이 고난의 길을 피하였다는 것이다. 십자가의 길은 내가 녹아짐으로 하나님 아버지의 뜻을 이루고 형제들에게 구원의 유익을 주는 것이다.

5:4. 나의 사랑하는 자가 문틈으로 손을 들이밀매 내 마음이 동(動)하여서

신부가 신랑을 향해 "나의 사랑하는 자"라고 말한다. 앞에 2-3절에서는 밤 이슬을 맞으며 찾아온 신랑을 자기는 이미 잠자리에 들었으므로 깨어 일어나 영접하기가 거북했지만 여기서는 신랑이 문틈으로 손을 들이밀매 감동이 되어 문을 열었다. 이것은 주께서 무디어진 우리의 심령을 지르듯이, 손을

들이밀듯이, 감동하시고 활동하시는 것을 나타낸 것이다.

우리의 심령을 지르시는 것이 진리와 성령의 은혜이다. 주께서 우리의 심령에 은혜를 주셔야 우리가 주를 믿고 그를 사랑하고 따를 수 있다.

5:5. 일어나서 나의 사랑하는 자 위하여 문을 열 때 몰약이 내 손에서, 몰약의 즙이 내 손가락에서 문빗장에 듣는구나[46](떨어지는구나)

"몰약"은 향품인데 방부제다. 썩을 것을 썩지 아니할 것으로 만드는 것이다. 우리의 죄를 없이하여 썩지 않게 하시는 주님의 대속의 사역이 바로 이와 같은 것이다. 자기를 부인하고 마음 문을 닫았던 죄악을 회개하면 이런 역사가 일어난다. 죽음 이편의 세상 현실에서 영원히 썩지 않을 것으로 준비를 하여야 한다.

5:6. 내가 나의 사랑하는 자 위하여 문을 열었으나 그가 벌써 물러갔네 그가 말할 때에 내 혼이 나갔구나 내가 그를 찾아도 못 만났고 불러도 응답이 없었구나

회개라는 것은 자기 죄를 고쳐서 주님을 자기 안에 영접하는 것이다. 이때 술람미 여인은 주님을 만나지 못했다. 주님

46) 듣는구나 : 이에 해당하는 히브리어 기본형 '나타프'는 '떨어지다', '방울로 떨어지다'(욥 29:22; 잠 5:3)라는 뜻이다.

께서 그때 내 마음의 문을 두드리면서 회개를 재촉하셨는데, 내가 회개하지 아니하고 뒤로 미루었다. 그 후에 돌이키려고 하니 회개가 되지 않는다. 회개는 자기가 고칠 죄를 알고 있다고 회개가 되는 것이 아니다. 주님께서 우리에게 죄를 고칠 수 있는 은혜의 현실을 주실 때에 회개가 완성이 된다.

5:7. 성중(城中)에서 행순(行巡)하는 자들이 나를 만나매 나를 쳐서 상하게 하였고 성벽(城壁)을 파수하는 자들이 나의 웃옷을 벗겨 취하였구나

"성중에서 행순하는 자들" 신부는 신랑을 찾으러 성안(예루살렘 성, 오늘의 교회)으로 나갔다가 성을 순찰하는 자들을 만나 상처를 입었다. 이것은 주님을 잃어버린 신자가 다시 주님을 찾으려는(회개) 과정에서 잘못된 지도가(행순자)를 만나 신앙적으로 상처를 받고 갈등을 겪는 것을 가리킨다. 우리가 교회의 지도자(교역자)를 잘못 만나면 이처럼 불행하게 된다. 오늘날 대부분의 교회들이 제대로 된 교역자들을 만나 지도를 잘 받고 영적 축복을 누림에 대해 감사해야 한다.

그러나 모두가 참되고 선한 지도자는 아닌 것이다. 이것을 어떻게 분별할 수 있을까? 개인의 얕은 신앙, 좁은 식견, 좋지 못한 감정이나 선입견의 잣대로 판단해서는 안 된다. 주님의 말씀을 기준 삼아야 한다.

다시 말하면 제일 먼저 구별할 것은 교훈을 구별하여야 한다. 내가 듣고 있는 교훈을 구별할 줄 알아야 한다. 하나님 중심적인 교훈인지 아닌지를 설교를 들으면서, 말씀을 들으면서 이것이 정말 하나님 중심적인가 그렇지 않고 속에 우상이 든 교훈인가, 세상적인 교훈인가, 자기중심적인 교훈인가를 구별하여야 한다. 겉만 보고 평가하지 말고 중심을 보고 평가하여야 한다. 첫째는 교훈을 구별하여야 한다. 둘째는 선지자를 구별하여야 한다. 사실 말이라고 하는 것은 얼마든지 속이려면 속일 수가 있다. 우리들이 말을 아무리 들어도 무슨 말인지 구별이 안 되거든, 그 말을 하는 그 사람을 보아야 한다. 그 사람의 중심이 하나님 중심인지 아니면 피조물 중심인지 그 속에 우상이 들어 있는지 살펴보아야 한다. 세 번째는 열매를 보아서 구별하여야 한다. 발람의 교훈을 받은 자는 어떤가? 우상의 제물을 먹었고 행음하였다. 우리도 잘못된 교훈을 들으면 들을수록 잘못된 교인이 될 수밖에 없는 것이다.

> 거짓 선지자들을 삼가라 양의 옷을 입고 너희에게 나아오나 속에는 노략질하는 이리라 그의 열매로 그들을 알지니 가시나무에서 포도를, 또는 엉겅퀴에서 무화과를 따겠느냐 이와 같이 좋은 나무마다 아름다운 열매를 맺고 못된 나무가 나쁜 열매를 맺나니 좋은 나무가 나쁜 열매를 맺을 수 없고 못된 나무가 아름다운 열매를 맺을 수 없느니라 아름다운 열매를 맺지 아니하는 나무마다 찍혀 불에 던지우느니라 이러므로 그의 열매로 그들을 알리라(마 7:15-20).

나는 선한 목자라 선한 목자는 양들을 위하여 목숨을 버리거니와 삯꾼은 목자도 아니요 양도 제 양이 아니라 이리가 오는 것을 보면 양을 버리고 달아나나니 이리가 양을 늑탈하고 또 헤치느니라(요 10:11-12).

이상의 주님의 말씀에서 거짓된 지도자와 참된 지도자의 모습과 그것을 분별할 수 있는 방법이 제시되어 있다. 거짓된 선지자(교역자)는 양 떼들로부터 물질을 착취하고 삯꾼 노릇을 하나 참되고 선한 목자(교역자)는 양을 위하여 목숨을 버리기까지 한다. 이 둘을 분별하는 방법은 그들의 도덕적 열매, 성령의 열매, 복음(말씀)의 열매들을 보아 알 수 있다.

"성벽을 파수하는 자들이 나의 웃옷을 벗겨 취하였구나"
"성벽을 파수하는 자들"은 교역자들과는 달리 교회의 일반 직분자들을 가리킨다. 잃은 신랑을 찾고자(회개) 성중(교회)에 나간 신부를 잘 감싸주고 지도하기는커녕 웃옷을 벗겨 취했다니 이는 먼저 된 자로서 나중 된 자에게 약한 부분을 드러나게 하여 수치심을 주는 잘못된 직분자들의 행태이다. 이런 직분자들은 성도들을 돕고 위하는 것이 아니라 오히려 손해를 입히고 구원 역사에 방해를 끼친다.

그러므로 특히 교회의 직분자들은 초신자들이나 주를 믿다가 낙심했다가(잃었다가) 다시 돌아오는 자에 대해서 넓은 아량과 친절과 사랑으로 깍듯이 잘 보살펴야 한다.

5:8. 예루살렘 여자들아 너희에게 내가 부탁한다 너희가 나의 사랑하는 자를 만나거든 내가 사랑하므로 병이 났다고 하려무나

신부는 예루살렘 여자들에게 그의 사랑하는 자를 만나거든 자기가 그를 사랑하기 때문에 병이 났다고 말해 달라고 부탁한다. 그는 신랑을 너무 생각하고 그리워한 나머지 병이 났다는 것이다. 성도는 하나님을 사랑하며 사모(그리워)하여야 한다. 보고 싶고 가까이 함께 있고 싶어져야 한다. 사랑하니까, 좋아하니까 사모하게 된다. 이것은 누가 시켜서 되는 것이 아니고 억지로 되는 것이 아니다. 성령의 역사로 되고 본능적으로 생겨지는 마음이다. 우리는 주님에 대해서 애틋하게 그리워하는 마음이 있어야 한다. 우리가 주님을 우러러 받들고 마음속 깊이 따르면 떠나실 수가 없다. 오늘도, 지금 이 순간도 우리를 사랑하시는 주님, 우리와 늘 함께 있기를 원하여 쉬지 않고, 문밖에서 문을 두드리고 계시는 그분을 만나기 위해 사모하는 이것이 주님을 붙드는 가장 좋은 방법이다.

볼지어다 내가 문밖에 서서 두드리노니 누구든지 내 음성을 듣고 문을 열면 내가 그에게로 들어가 그로 더불어 먹고 그는 나로 더불어 먹으리라(계 3:20).

너희는 내게 부르짖으며 와서 내게 기도하면 내가 너희를 들을 것이요 너희가 전심으로 나를 찾고 찾으면 나를 만나리라(렘 29:12-13).

5:9. 여자 중 극히 어여쁜 자야 너의 사랑하는 자가 남의 사랑하는 자보다 나은 것이 무엇인가 너의 사랑하는 자가 남의 사랑하는 자보다 나은 것이 무엇이기에 이같이 우리에게 부탁하는가

신부는 '여자 중 극히 어여쁜 자'라 불린다. 이 표현은 참된 교회와 성도들을 묘사하는 것이다. 예루살렘 여자들은 "너의 사랑하는 자가 남의 사랑하는 자보다 더 나은 것이 무엇인가"라고 두 번이나 반복하여 말한다. 예루살렘 여자들은 아직 영적으로 성숙하지 못한 일반 교인들을 상징하고 있는데, 그들은 아직 하나님과 그의 보내신 구주의 어떠하심을 알지 못하고 있다. 그래서 두 번이나 반문하고 있는 것이다.

우리 하나님은 유일하신 분이시고, 영원 전부터 스스로 계신 여호와 하나님이시다. 그는 천지 만물을 홀로 창조하셨고, 온 세상을 다스리시는 하나님이시다. 그는 전능하신 하나님이시며, 완전하신 하나님이시다. 그는 영광의 하나님이시다. 이 세상에서 하나님보다 더 사랑할 만한 것은 아무것도 없다.

우리 주 예수 그리스도께서는 하나님의 영원하신 아들이시며, 그로 말미암아 천지 만물이 창조되었다. 그는 사람의 아들로 이 세상에 오셨고 우리를 위해 십자가에 죽으셔서 대속 제물이 되셨고, 3 일 만에 부활하셨고, 40 일 만에 승천하셨고, 영광 중에 재림하실 것이다. 그는 세세토록 영광과 찬송을 받으시기에 합당하신 분이시다.

5:10. 나의 사랑하는 자는 희고도 붉어 만 사람에 뛰어난다

예루살렘 여자들의 질문에 대하여 술람미 여인이 나의 사랑하는 자(예수님)는 "희고도 붉어"라고 대답한다. 희다는 것은 성결하다. 붉다는 것은 대속의 피 공로로 말미암아 이 성결이 우리에게 올 수 있게 되었음을 말한다. 그분 자체가 성결하고 깨끗한 분이신데 이것이 사활 대속의 공로인 붉은 것으로 말미암아 성도들에게 와서 우리가 성결케 되었다.

"만 사람에 뛰어난다"는 것은, 예수님은 참 하나님이시요 참 사람이시다. 삼위일체 중 성자의 위를 가지신 하나님이시다. 영원 자존하신 하나님, 전지전능하신 하나님, 주권 의지로 미래 영원을 예정하신 하나님, 천상천하의 모든 것을 창조하신 하나님, 보존 섭리하시는 하나님이시다. 온 세상은 그로 말미암아 지음 받았고, 또 주권으로 관리하시는 하나님이시다. 우리 사람으로는 상상 못 할 지극히 크시고 거룩하신 하나님이시다.

모든 인생은 원죄와 본죄로 영육이 영원한 멸망 중에 빠져 하루하루 살아가는 것은 소망과 평안과 부요함을 이루기 위하여 사는 것 같다. 하지만 그 진부가 결국은 완전한 멸망과 사망을 이루는 것뿐이다. 알고 보면 인생이 가장 불쌍한 존재이다. 만물은 죽어 썩으면 끝나지만, 사람은 죽음 넘어, 부활 넘어 심판이 있다. 영원히 끝나지 않는 지옥 불의 형벌이 있다.

그러나 우리를 이 무서운 멸망에서 구원하시려고 예수님께서 큰 희생으로 사람 되어 오셨다. 우리 위해 가난해지시고, 낮아지시고, 고난당하시고 우리를 구원하시려고 십자가에서 대속의 죽음을 죽으셨을 뿐만 아니라 사흘 만에 다시 살아나시고 승천하셨다. 그러므로 우리 주님은 모든 존재 위에 뛰어나신 분이시다.

5:11. 머리는 정금(精金) 같고 머리털은 고불고불하고 까마귀같이 검구나

"머리는 정금 같고" 11절부터 16절까지에서, 신부는 신랑이 머리부터 발끝까지 흠이 없고 아름답다고 극찬한다. 신부는 신랑의 머리가 정금 같다고 말한다. 정금은 가장 귀한 것을 나타내며 불변성을 말한다. 그러므로 주님은 영원히 변치 아니하시는 최고의 권위를 가지신 분이시다.

"머리털은 고불고불하고 까마귀같이 검구나"

신랑의 머리털이 검은 것은 젊다는 것이고, 젊다는 것은 우리의 영적 신랑이신 주님은 노쇠함이 없이 영원토록 일하시는 분이심을 가리킨다. 우리 주 예수께서는 세월이 흐른다고 쇠약해지는 분이 아니시다. 그는 어제나 오늘이나 영원토록 동일하신 분이시다(히 13:8). 그는 언제나 원기 왕성하신 생명의 주님이시다.

5:12. 눈은 시냇가의 비둘기 같은데 젖으로 씻은 듯하고 아름답게도 박혔구나

신부는 신랑의 눈이 시냇가의 비둘기 같으며, 우유로 씻은 듯하고 아름답게 박혀 있다고 말한다. 성경에서 비둘기는 순결과 정조를 상징한다.

시냇가의 비둘기는 시냇물에 씻은 것처럼 깨끗함을 나타낸다. 신부는 그것이 우유로 씻은 듯하고 빛나는 보석이 박히듯이 아름답게 박혀 있다고 말한다. 사람의 눈은 그의 마음을 나타낸다. 우리 주 예수 그리스도의 눈이 거룩하고 아름답다는 것은 그의 마음이 거룩하고 아름다움을 보여 준다.

5:13. 뺨은 향기로운 꽃밭 같고 향기로운 풀언덕과도 같고 입술은 백합화 같고 몰약의 즙이 뚝뚝 떨어진다

향기로운 풀들과 나무들이 있는 꽃밭과 화단은 아름다운 풀과 꽃 때문에 보기에도 좋고 냄새도 향기롭다. 이와 같이 주 예수 그리스도께서는 아름다운 주님이시며 그의 인격은 참으로 향기롭다. 우리 주님은 흠도 점도 없이 성결하고 아름다운 분이시다. 온유하고 겸손하시며, 거룩하고, 악이 없고, 더러움이 없고, 흠 없고, 점 없는 어린 양과 같으시다(마 11:29; 히 7:26; 벧전 1:18-19). 또 신랑의 입술은 백합화 같고 몰약의 즙이 뚝뚝 떨어진다고 하였다. 예수 그리스도에게는 몰약의 즙이 뚝뚝 떨어지듯이 은혜로운 변치 않는 말씀이 가득하시다.

5:14. 손은 황옥(黃玉)[47]을 물린 황금 노리개 같고 몸은 아로새긴 상아에 청옥(靑玉)[48]을 입힌 듯하구나

신부는 신랑의 손이 황옥을 물린 황금 노리개 같다고 말한다. 손은 사람이 무슨 일을 하는 가장 중요한 지체이며, 특히 무엇을 나누어 줄 때 꼭 필요하다. 그리스도의 손은 은혜와 능력의 손이다. 주님의 손으로 수많은 병자들을 고쳐주셨다. 그리고 우리를 위해 십자가에 못 박혀 못 자국 난 그 손이 황옥을 물린 황금 노리개같이 아름답게 보인다고 했다.

또 신부는 신랑의 몸이 아로새긴 상아에 청옥을 입힌 듯하다고 말한다. 주 예수 그리스도의 몸은 가장 아름답고 지극히 존귀한 몸이며 특히 그의 마음에 가득한 긍휼과 사랑은 참으로 아름답고 고귀하다. 예수님의 몸은 우리를 위해 사활대속의 제물로 바쳐진 몸이다.

5:15. 다리는 정금 받침에 세운 화반석(花斑石)[49] 기둥 같고 형상은 레바논 같고 백향목처럼 보기 좋고

"정금 받침"이란 정금같이 영원 불변한 우리의 구원을 영

---

47) 황옥 : 황색을 띠는 보석의 일종.
48) 청옥 : 푸르고 투명한 청색을 띤 보석의 일종으로, '남보석'으로도 번역됨.
49) 화반석 : 홍백색의 무늬가 있는 대리석.

원히 책임지시는 면을 가리킨다. **"화반석 기둥 같고"**란 주님께서 우주와 영계보다 무거운 중량의 구원을 책임져서 대속하시는 능력을 가리켜서 화반석 기둥 같다는 것이다(계 3:12 참조).

교회의 기둥은 주님이시다. 예수님의 피 공로의 역사로 말미암아 첫 번째 기둥이 되셨다. 대속을 입고 벗지 아니하는 이기는 자가 되면, 성전 기둥이 되어 결코 다시 나가지 아니하는 복 있는 자가 된다.

"형상은 레바논 같고 백향목처럼 보기 좋고"란 아주 뛰어난 명산(레바논)과 가장 좋은 목재(백향목)는 신랑 되신 주님의 탁월성과 전능성을 상징한다.

5:16. 입은 심히 다니 그 전체가 사랑스럽구나 예루살렘 여자들아 이는 나의 사랑하는 자요 나의 친구일다

"입은 심히 다니" 신부는 신랑의 입이 심히 달다고 말한다. 입은 말하는 기관이다. 그의 입이 심히 달다는 말은 그의 입에서 나오는 말씀을 말한다. 주 예수 그리스도의 말씀은 곧 하나님의 말씀이며 그것은 성도들에게 심히 은혜가 된다.

시편 기자는 119편 103절에서 "주의 말씀의 맛이 내게 어찌 그리 단지요 내 입에 꿀보다 더하니이다"라고 고백했다.

주님을 사랑하는 자는 말씀이 꿀같이 단 말씀이 된다. 그러나 주님을 사랑하지 않는 자는 그 말씀의 맛이 쓰고 짐이 되어진다.

"그 전체가 사랑스럽구나" 앞에서(5:10-16) 말한 전체를 종합하면 "나의 사랑하는 자는 희고도 붉어 만 사람에 뛰어난다 머리는 정금 같고 머리털은 고불고불하고 까마귀같이 검구나 눈은 시냇가의 비둘기 같은데 젖으로 씻은 듯하고 아름답게도 박혔구나 뺨은 향기로운 꽃밭 같고 향기로운 풀언덕과도 같고 입술은 백합화 같고 몰약의 즙이 뚝뚝 떨어진다 손은 황옥을 물린 황금 노리개 같고 몸은 아로새긴 상아에 청옥을 입힌 듯하구나 다리는 정금 받침에 세운 화반석 기둥 같고 형상은 레바논 같고 백향목처럼 보기 좋고 입은 심히 다니 그 전체가 사랑스럽구나 예루살렘 여자들아 이는 나의 사랑하는 자요 나의 친구일다."

주님의 전체를 하나하나 뜯어 보고, 주님의 모든 모습과 행위를 보니 전부가 다 사모하게 되고, 사랑할 수밖에 없는, 천상천하에 가장 위대하고, 가장 존귀하고, 가장 사랑스러워 가장 친밀하게 교제하는 친구로 삼고 싶은 대상이 바로 그리스도 예수 우리 주님이시다.

제 6 장

"동산 가운데서 양 떼를 먹이며 백합화를 꺾는구나
… 그가 백합화 가운데서 그 양 떼를 먹이는구나"
(6:2-3)

제 6 장 1~14절

6:1. 여자 중 극히 어여쁜 자야 너의 사랑하는 자가 어디로 갔는가 너의 사랑하는 자가 어디로 돌이켰는가 우리가 너와 함께 찾으리라

예루살렘 여자들은 신부에게 그의 사랑하는 자가 어디로 갔는지, 그를 찾기 원한다고 말한다. 그들은 주님을 만나보고 싶어 한다. 그와 교제하기 원하며 그의 사랑과 은혜 받기를 원하는 것이다. 5장 16절의 말씀과 같이 그토록 가장 좋으신 분이기 때문이다.

6:2. 나의 사랑하는 자가 자기 동산으로 내려가 향기로운 꽃밭에 이르러서 동산 가운데서 양 떼를 먹이며 백합화를 꺾는구나

이것은 신부로 비유된 교회(성도)가 증거하는 말이다.

"나의 사랑하는 자가 자기 동산으로 내려가" 목자 되신 주님이 양 떼(성도)를 먹이시기 위해 목장인 동산에 임재해 계심을 뜻한다. **"동산"**이란 말은 여기서는 양 떼를 먹인다는 말씀과 관련되어 있는 것인 만큼 확실히 은혜로운 교회를 비유한다. 그러므로 넓은 의미에서는 사회 교회, 좁은 의미에서는 개인 교회 각각의 마음이라고 할 수 있다.

"향기로운 꽃밭에" 이 말은 주님의 사활 대속의 아름다운 향기를 입은 성도들을 비유한다. 주님께서는 대속의 아름다운 향기를 입은 성도들과 함께하신다.

"백합화를 꺾는구나" 이는 주님께서 진실한 성도들의 믿음과 대속을 입은 성결한 성도의 아름다움을 기뻐하심에 대한 비유적 표현이다.

6:3. 나는 나의 사랑하는 자에게 속하였고 나의 사랑하는 자는 내게 속하였다 그가 백합화 가운데서 그 양 떼를 먹이는구나

신부가 신랑을 향해 하는 말이다. 주님은 나의 주님이시요, 나는 주님의 것이요, 주님은 백합화 가운데에서(성결의 은혜 가운데에서) 양 떼인 우리 성도를 먹이고 계신다. 여기서 교회는 자기와 그리스도가 일체라는 것을 말한다. 교회와 그리스도가 신인 친합 일행(神人親合一行)이 되는 것이 그리스도의 구원의 결과이다. 요한복음 17장 21-23절에서는 이 관계를 잘 나타내 준다.

> 아버지께서 내 안에, 내가 아버지 안에 있는 것같이 저희도 다 하나가 되어 우리 안에 있게 하사 세상으로 아버지께서 나를 보내신 것을 믿게 하옵소서 내게 주신 영광을 내가 저희에게 주었사오니 이는 우리가 하나가 된 것같이 저희도 하나가 되게 하려 함이니이다 곧 내가 저희 안에,

아버지께서 내 안에 계셔 저희로 온전함을 이루어 하나가 되게 하려 함은 아버지께서 나를 보내신 것과 또 나를 사랑하심같이 저희도 사랑하신 것을 세상으로 알게 하려 함이로소이다

6:4. 내 사랑아 너의 어여쁨이 디르사 같고 너의 고움이 예루살렘 같고 엄위[50]함이 기치(旗幟)[51]를 벌인 군대 같구나

"너의 어여쁨이 디르사 같고" 신랑이 신부에게 화답한다. "디르사"는 이스라엘 북왕국의 수도인데 '유쾌하다', '아름답다'는 뜻을 가졌다. 이스라엘 왕들이 별궁을 두었던 아름다운 곳이라고 한다. 신부의 모습이 이토록 유쾌하고 아름답다는 것은 주님을 친밀히 사랑하는 성도의 모습을 주님은 그렇게 아름답게 보심을 묘사한 것이다.

"너의 고움이 예루살렘 같고" 예루살렘이 아름답다는 것은 시편 48편 2절의 말씀이 잘 표현해 주고 있다.

터가 높고 아름다워 온 세계가 즐거워함이여 큰 왕의 성 곧 북방에 있는 시온 산이 그러하도다

그러면 예루살렘의 아름다움이 교회로 비유된 이유는 무엇인가? 그것은 거기에 있는 예루살렘 성전에서 하나님을 경외하며 섬기는 거룩한 예배가 거행되기 때문이다. 성도의

---

50) 엄위 : 엄격하고 위엄이 있음.
51) 기치(旗幟) : 군대에서 사용하는 각종 깃발.

진정한 아름다움은 그것이 무엇이든지 하나님을 중심한 것이다.

"엄위함이 기치를 벌인 군대 같구나" 이것은 술람미 여인같이 주님을 긴밀히 사랑하는 성도는 죄악에 대한 정복력을 지녔다는 뜻이다. 그러므로 이는 신랑으로 비유된 주님을 긴밀히 사랑함으로 죄악의 정복력을 지닌 성도의 위엄을 비유한다.

교회는 세상에서 끊임없이 죄악으로 더불어 싸워 이기고 있다. 구약 시대에 광야 교회 생활을 하던 이스라엘도 하나님의 영광을 위하여 계속적으로 하나님의 원수들로 더불어 전쟁하였으며 또 승리하였다.

6:5. 네 눈이 나를 놀래니 돌이켜 나를 보지 말라 네 머리털은 길르앗 산 기슭에 누운 염소 떼 같고

"네 눈이 나를 놀래니 돌이켜 나를 보지 말라" 솔로몬은 신부의 눈을 앞에서(4:1)는 "비둘기 같다"고 했다. 여기서는 놀래게 한다고 했다. 보다 더 아름답게 보였던 것이다. 그런데 왜 "돌이켜 나를 보지 말라"고 했을까? 이는 아마도 그 눈빛이 너무도 눈부시어 잠깐 돌이켜 달라는 행복에 찬 즐거운 비명일 것이다. 이는 우리 성도(교회)가 신앙과 사랑의 눈으로 주님을 주시할 때 주님께서는 이토록 찬탄사를 발하실 것임을 은유적으로 나타내는 말씀이다.

"네 머리털은 길르앗 산 기슭에 누운 염소 떼 같고" 4장 1절에 이미 해설되었으므로 참조.

6:6. 네 이는 목욕장에서 나온 암양 떼 곧 새끼 없는 것은 하나도 없이 각각 쌍태를 낳은 양 같고

"네 이는 목욕장에서 나온 암양 떼" 좋은 이는 말씀을 잘 듣고, 새김질하고, 연구하는 성도의 행위를 가리킨다. 자기를 성결케 하기 위해서 성경 말씀을 자꾸 읽고 묵상하고, 연구하고, 잘 배우는 성도의 미를 말한다. 그러므로 우리는 자신을 피와 성령과 진리로 자신을 씻어서 깨끗한 자 되기를 힘쓸 때, 주님께서 나를 어여삐 여겨 주신다(4장 2절 해설 참조).

"새끼 없는 것은 하나도 없이 각각 쌍태를 낳은 양 같고" 하나님의 종들이 진리의 말씀을 잘 가르치고, 성도는 그 말씀을 잘 듣고 묵상하는 모습을 상징한다. 그러므로 우리는 하나님의 말씀을 듣기만 하지 말고, 그 말씀을 간직하여 새김질을 잘해야 한다. 말씀대로 살지 못한 것을 회개하고, 그대로 살게 해 달라고 기도하며, 그렇게 살 수 있는 힘을 달라고 하나님께 간구하는 것이 말씀을 새김질하는 것이다(4장 2절 해설 참조).

6:7. 너울 속의 너의 뺨은 석류 한 쪽 같구나

너울은 신부가 쓰는 것이다. 주님은 신랑을 향한 신부의 깨끗한 마음과 같이, 주님을 향한 성도의 순결한 마음을 어여삐 여기신다.

석류를 쪼개면 붉은 빛이 난다. 성도의 뺨에는 예수님의 보혈의 은혜가 넘친다. 예수님께만 향하고 겸손하며 구속의 은혜가 넘치는 그 성도의 뺨은 윤택하고 때로는 천사의 얼굴같이 빛난다(4장 3절 해설 참조).

6:8. 왕후(王后)가 육십이요 비빈(妃嬪)[52]이 팔십이요 시녀가 무수하되

왕궁에는 솔로몬 왕을 중심으로 왕후, 비빈, 시녀들이 이렇게 많이 있었다. 이들은 왕을 위해서 일생을 살아야 한다. 왕후와 비빈은 왕의 아내요, 시녀는 왕의 아내가 될 수 있는 가능성을 가진 여인들이다. 왕을 직접 모시는 왕후와, 가까이에서 모시지 못하고, 멀리서 간접적으로 모시는 시녀도 있다. 이를 영적으로 말하면,

1) 예수님이 어떤 분이신지, 여기에 대해서 소문만 듣고 믿는 사람도 있다.
2) 예수님이 어떤 분이신지, 그 안면만 보고 믿는 사람도 있다.
3) 예수님과 서로 교제하는 정도에서 믿는 사람도 있다.

52) 비빈(妃嬪) : 왕의 아내와 첩. 어떤 성경에는 '후궁'으로도 번역되었음.

이런 사람들은 주님과 동거 동행하지마는 왕과 입맞춤이 없는 것처럼 주님과 입맞추는(아 1:2) 그 자리에는 이르지 못한 사람이다. 그러나 술람미 여자처럼 참된 성도는 이런 것으로 만족치 않는다. 이런 정도로서는 만족되어지지 아니하는 것이다. 그러면 이 술람미 여인과 같이 주님과 입맞추기까지 나아간 사람은 어떤 성도들인가?(눅 7:36-38, 44-50).[53]

참된 성도는 주님의 고난에 동참하는 것으로 만족하지 아니하고, 죽음을 개의치 아니하며, 주님을 위해서 주님을 사랑함으로 죽는 데에까지 나아간다. 그래서 아가 1장 2절에서는 "내게 입맞추기를 원한다"고 한 것이다. 솔로몬의 왕궁에 궁녀들이 있었고, 예루살렘에도 많은 여인이 있었지만 솔로몬의 참된 사랑을 받은 여인은 술람미 여인뿐이었다. 지금도 주님의

---

53) 한 바리새인이 예수께 자기와 함께 잡수시기를 청하니 이에 바리새인의 집에 들어가 앉으셨을 때에 그 동네에 죄인인 한 여자가 있어 예수께서 바리새인의 집에 앉으셨음을 알고 향유 담은 옥합을 가지고 와서 예수의 뒤로 그 발 곁에 서서 울며 눈물로 그 발을 적시고 자기 머리털로 씻고 그 발에 입맞추고 향유를 부으니(눅 7:36-38).
여자를 돌아보시며 시몬에게 이르시되 이 여자를 보느냐 내가 네 집에 들어오매 너는 내게 발 씻을 물도 주지 아니하였으되 이 여자는 눈물로 내 발을 적시고 그 머리털로 씻었으며 너는 내게 입맞추지 아니하였으되 저는 내가 들어올 때로부터 내 발에 입맞추기를 그치지 아니하였으며 너는 내 머리에 감람유도 붓지 아니하였으되 저는 향유를 내 발에 부었느니라 이러므로 내가 네게 말하노니 저의 많은 죄가 사하여졌도다 이는 저의 사랑함이 많음이라 사함을 받은 일이 적은 자는 적게 사랑하느니라 이에 여자에게 이르시되 네 죄 사함을 얻었느니라 하시니 함께 앉은 자들이 속으로 말하되 이가 누구이기에 죄도 사하는가 하더라 예수께서 여자에게 이르시되 네 믿음이 너를 구원하였으니 평안히 가라 하시니라(눅 7:44-50).

참된 사랑을 받는 성도는 드물다. 귀하다. 그러므로 주님께서 우리에게 입맞추어 주실 수가 있는 자가 되어야 한다. 그러나 우리가 원한다고 되는 것이 아니다. 이와 같이 성도의 순교도 원한다고 해서 할 수 있는 것은 아니다. 주님과 입맞춤의 사랑에 도취가 되어야 한다. 하지만 베드로가 예수님을 보고 "내가 주와 함께 죽을지언정 주를 부인하지 않겠나이다"(마 26:35)라고 장담을 했지만 거기에 대한 준비가 없어 실패했던 것이다.

이와 같이 준비를 하지 않고 때가 오면 순교하겠다고 하는 자는 도리어 주님을 배반하게 되고 만다. 순교는 주님과 영원히 입맞추는 사랑이다. 순교는 그 사람의 평소 생활에서 찾아볼 수가 있다. 사진을 찍으면 평소의 자기 모습이 그대로 나타난다. 우리의 일상에 주님을 사랑하는 모습, 모양 그대로 나타나는 것이다. 그러므로 순교의 각오가 없는 자는 소극적인 사람이요, 자기의 연약성을 깨닫지 못하고 준비 없이 주님에게 드리고자 하는 사람은 어리석은 사람이다. 주님은 당신의 전부를 다 쏟아서 우리를 사랑하셨다. 그러기 때문에 본인 단독으로 무엇을 할 수 있다고 자신하는 사람은 주님을 참 사랑하지 못한다. 자기가 연약한 줄 알고, 자신을 맡길 때에 주님은 책임져 주시고, 일하실 수 있다. 그러므로 순교는 주님의 사랑을 깨달아서 그 사랑에 감격하여, 모든 것을 버리고 자기에게 제일 좋은 것을 주님에게 바쳐서 감사하는 마음이 뜨겁게 솟아나야 가능한 것이다.

6:9. 나의 비둘기, 나의 완전한 자는 하나뿐이로구나 그는 그 어미의 외딸이요 그 낳은 자의 귀중히 여기는 자로구나 여자들이 그를 보고 복된 자라 하고 왕후와 비빈들도 그를 칭찬하는구나

솔로몬은 **"나의 완전한 자는 하나뿐"**이라고 말한다. 그에게는 술람미 여자가 가장 사랑하는 여자라는 것이다. 또한 그녀는 **"그 어미의 외딸" "귀중히 여기는 자"**라고 한다. 이것은 하나님께서 이 세상의 많은 나라들 중에서 이스라엘 백성을 특별히 택하시고 사랑하신 것과 영적 이스라엘 백성이 된 우리 성도들은 하나님께서 많은 사람들 중에서 우리를 특별히 사랑하시고, 택하시고, 구속하셔서 거룩한 교회(성도)를 만드시고(낳으시고) 외동딸처럼 어여삐 보시며, 존귀하게 여기심을 비유한다. 에베소서 1장 4절에서 "창세 전에 그리스도 안에서 우리를 택하사 우리로 사랑 안에서 그 앞에 거룩하고 흠이 없게 하시려고"라는 말씀은 이 사실을 두고 한 말씀이다.

그리고 **"여자들이 그(술람미)를 보고 복된 자라 하고 왕후와 비빈들도 그를 칭찬하는구나"**라는 것은, 신부가 특수미를 갖춘 것처럼 성도(교회)가 신앙과 인격과 도덕성의 미를 특수하게 겸전함으로써 여자들 곧 일반 신자나 사회인들, 왕후와 비빈들 곧 교회 중직자들이나 사회의 요인들로부터도 칭송을 받음으로써 하나님이 기뻐하시고 영광을 받으신다는 사실을 영적으로 나타낸다고 본다.

6:10. 아침 빛같이 뚜렷하고 달같이 아름답고 해같이 맑고 기치를 벌인 군대같이 엄위한 여자가 누구인가

여기서는 솔로몬이 술람미의 아름다움을 **"빛"**, **"달"**, **"해"**로 비유한다. "하늘에 큰 이적이 보이니 해를 입은 한 여자가 있는데 그 발 아래는 달이 있고, 그 머리에는 열두 별의 면류관을 썼더라"(계 12:1). 이는 교회의 아름다움을 빛으로 비유한 말씀이다. 해는 주님으로부터 오는 진리와 영감을 비유한다. 그러므로 진리와 영감이 그 안에 충만한 자를 주님은 어여삐 여기신다. 아침 빛은 진리와 영감의 광명을 받아 어두운 마음이 밝아지는 각도이고, "해같이 맑고"는 진리와 영감이 충만히 비추는 것을 뜻한다.

"달같이 아름답고" 피와 성령과 진리로 충만한 자가 세상에 진리와 영감의 빛을 나타내는 증거 생활을 할 수 있다. 이 얼마나 아름다운 은혜인가?

"기치를 벌인 군대같이 엄위한 여자가 누구인가" 신부는 기치(旗幟)를 벌인 군대같이 엄위하다고 표현했다. 이것은 앞의 4절에도 언급되었다. 교회는 죄와 마귀와 세상과 끊임없이 싸운다. 사람들이 바른 교훈을 받지 않고 귀가 가려져서, 자기의 사욕을 좇을 스승을 많이 두고, 그 귀를 진리에서 돌이켜 허탄한 이야기를 좇는 어두운 시대가 왔으나, 우리는 고난을 각오하며 군대같이 싸우며 죽도록 충성해야 한다(딤후 4:3-5; 계 2:10).

6:11. 골짜기의 푸른 초목을 보려고 포도나무가 순이 났는가 석류나무가 꽃이 피었는가 알려고 내가 호도 동산으로 내려갔을 때에

"골짜기"는 겸손한 마음을 비유한다. 주님은 낮은 데로 임하시기를 원하신다. 백향목같이 성숙한 기성 교회만 찾으시는 것이 아니라 아직은 푸른 초목 같고, 포도나무 순과 같고, 석류나무의 꽃과도 같은 어리고 순진한 새 성도(교회)를 찾기도 하신다. **"푸른 초목"**은 활기가 있고, **"순"**과 **"꽃"**은 성장하고 열매를 맺게 된다. 이러한 가능성과 잠재력이 있는가를 살펴 알고자 호도 동산으로 내려가셨다는 것이다. 호도는 맛있는 과일이다. 그러므로 이 **"호도 동산"**은 꿀보다 더 맛있는 말씀이 풍성한 교회를 상징한다. 이와 같이 주님은 어리고 약한 교회에도 임재하여 살피시는 것이다.

6:12. 부지중(不知中)에 내 마음이 나로 내 귀한 백성의 수레 가운데 이르게 하였구나

믿음이 어린 새 성도들을 주님은 찾아가시고, 또 한편으로는 주님과 긴밀한 관계를 가진 성도에게 주님의 마음이 속히 끌린다.

6:13. 돌아오고 돌아오라 술람미 여자야 돌아오고 돌아오라 우리로 너를 보게 하라

예루살렘 여자들이 술람미 여인에게 돌아오라고 외치는 것이다. 이것은 신령한 성도, 술람미 여인이 주님의 밀접한 사랑을 입고, 주님과 깊이 교제하며 동행하는 것을, 육에 속한 예루살렘 여자들이 보고 자기들에게로 돌아오라고 하였다. 이때에 성도들은 주님과 동행하던 신령한 자리에서 인본으로 돌아가면 안 된다.

6:14. 너희가 어찌하여 마하나임의 춤추는 것을 보는 것처럼 술람미 여자를 보려느냐

"마하나임"[54]은 천사의 두 무리라는 뜻이다. 천사의 춤은 고상하고 아름다움을 의미한다. 앞의 6장 4-10절의 술람미 여인의 아름다움이 솔로몬의 보기에 천사의 춤추는 것 같았다는 것이다. 그러므로 술람미 여인으로 비유된 6장 4-10절에서 성도들의 소중함은 주님께서 보시기에 특별하다.

---

54) 마하나임 : '마하나임'은 야곱이 메소보다미아의 하란에서 가나안 땅으로 돌아오는 길에 천사를 만난 얍복 강 북쪽의 한 지역이다(창 32:2). '마하나임의 춤'은 '마하나임 지방의 춤'이란 뜻으로 여럿이 둥그렇게 둘러서서 추는 춤을 가리킨다.

제 7 장

"네 입은 좋은 포도주 같을 것이니라
이 포도주는 나의 사랑하는 자를 위하여
미끄럽게 흘러내려서
자는 자의 입으로 움직이게 하느니라"
(7:9)

제 7 장 1~13절

7:1. 귀한 자의 딸아 신을 신은 네 발이 어찌 그리 아름다운가 네 넓적다리는 둥글어서 공교(工巧)한 장색(匠色)[55]의 만든 구슬 꿰미 같구나

그리스도를 비유한 신랑 솔로몬 왕이 교회(성도)를 비유한 신부 술람미 여인의 아름다움을 1-9절에서 이어간다.

"귀한 자의 딸아" 만왕의 왕이신 하나님의 자녀 된 성도를 비유한다. **"신을 신은 네 발이 어찌 그리 아름다운가"**는 십자가 대속의 복음을 전파할 준비를 신을 신 듯이 갖춤을 뜻한다. 에베소서 6장 15절에 "평안의 복음의 예비한 것으로 신을 신고"라고 했다. 그리고 그렇게 준비하여 복음을 전하러 나아가는 성도의 발자취가 참으로 아름답다는 의미이다. 이 사실과 관련하여 이사야 52장 7절에는 다음과 같이 말씀한다.

> 좋은 소식을 가져오며 평화를 공포하며 복된 좋은 소식을 가져오며 구원을 공포하며 시온을 향하여 이르기를 네 하나님이 통치하신다 하는 자의 산을 넘는 발이 어찌 그리 아름다운고

55) 공교(工巧)한 장색(匠色) : 솜씨가 좋은 장인(匠人).

"네 넓적다리는 둥글어서 공교한 장색의 만든 구슬 꿰미 같구나" 넓적다리의 관절("둥글어서"의 원어적 의미)이 서로 연합하듯, 구슬 꿰미가 서로 연결되듯이 신부로 비유된 교회(성도)의 공동체적 구성의 단결되고 아름다운 모습을 의미한다. 에베소서 4장 16절에서는 이러한 관계를 다음과 같이 말씀했다.

> 그에게서 온몸이 각 마디를 통하여 도움을 입음으로 연락하고 상합하여 각 지체의 분량대로 역사하여 그 몸을 자라게 하며 사랑 안에서 스스로 세우느니라

7:2. 배꼽은 섞은 포도주를 가득히 부은 둥근 잔 같고 허리는 백합화로 두른 밀단 같구나

신랑은 신부의 배꼽을 **"섞은 포도주를 가득히 부은 둥근 잔 같고"**라고 표현한다. 사람의 배꼽은 어머니에게 연결되었던 탯줄의 흔적이다. 탯줄은 생명 줄이다. 그 줄을 통해 태아(胎兒)는 어머니로부터 생명의 양식을 공급받는다. 성도들의 영적 배꼽, 즉 신령한 탯줄의 흔적은 무엇인가? 이는 성도(교회)가 하나님의 말씀의 젖줄을 통해 예수님의 피 공로의 사랑과 진리와 성령의 은혜를 가득히 받아 생명을 누리는 상태이다. 그리고 "섞은 포도주"란 고대에서는 포도주의 강도를 높이기 위해 향료를 섞었는데(잠 9:5), 이는 그리스도의 피 공로의 신비롭고 강력한 효력을 비유한다.

"허리는 백합화로 두른 밀단 같구나" "허리"는 신체 중 생산의 위치이다(창 35:11; 히 7:5). "밀단"은 둥글고 통통하다. 그것은 아기를 임신한 여인의 배를 의미한다. 여성의 가장 고귀함은 아기를 출산하는 데 있다. 신부의 허리 혹은 배를 그렇게 묘사한 것은 교회가 많은 생명들을 잉태하고 출산하는 일은 참으로 귀하고 아름다운 사역임을 가리킨다. 여기의 "백합화"는 하나님의 성결의 은혜를 비유한다(사 35:1-2).

7:3. 두 유방은 암사슴의 쌍태 새끼 같고

(4:5 해설 참조)

7:4. 목은 상아 망대 같구나 눈은 헤스본 바드랍빔 문 곁의 못 같고 코는 다메섹을 향한 레바논 망대 같구나

솔로몬은 신부의 목과 얼굴의 눈과 코에 대하여 비유적으로 표현(찬사)하고 있다.

"목"을 앞에서는 "다윗의 망대"라고 했다(4:4 참조). 여기서는 **"상아 망대"**라고 한다. "상아"는 그 흰빛처럼 순결하고 우아한 모습을, "망대"는 적의 침공을 살피며 강한 방위의 역할을 한다. 그러므로 "상아 망대"란 순결과 방위의 뜻을 지녔으니 이는 정조를 순결하게 잘 지키고 보존함을 의미한다. 따라서 성도의 신앙 정조의 아름다움을 지칭한다고 본다.

"눈"을 초두에서는 "비둘기 같구나"라고 했는데(1:15 참조),

여기서는 **"헤스본 바드랍빔 문 곁의 못 같고"**라고 했다. 이 못(저수지)은 맑고 깊다고 한다. 이것은 주님만을 향한 성도의 깨끗한 마음을 빗대어 표현했다. 주님은 이런 성도를 사랑하신다.

"코는 다메섹을 향한 레바논 망대 같구나" 이 망대는 아람 나라의 수도 다메섹을 정탐하기 위하여 세워진 것이었다. 저 망대가 적을 정탐하여 분별하는 것처럼 코는 냄새를 분별한다. 주님이 어여삐 여기는 성도는 신령한 후각(코)으로 진리를 바로 분별할 뿐 아니라, 망대의 역할과 같이 원수 마귀의 궤계를 정확히 파악하고, 그것을 막거나 공격해서 멸해야 할 것을 가리킨다. 또한 코는 망대처럼 얼굴 주위에서 우뚝 솟아 균형과 우아한 미를 나타내듯이 이는 참된 성도의 품위 있는 의젓한 모습을 보여 준다.

7:5. 머리는 갈멜 산[56] 같고 드리운 머리털은 자주 빛이 있으니 왕이 그 머리카락에 매이었구나

이 산은 초목이 무성하여 아름답고 풍요롭다(아래 각주 참조). 또한 이 갈멜 산은 엘리야 선지자가 우상 숭배의 무리인 거짓 선지자 850 명과 싸워 승리한 산이다(왕상 18:19-40).

---

56) 갈멜 산 : 팔레스타인 지역의 지중해 연안 중앙부 반도 지역에 커다랗게 남동쪽으로 뻗어 있는 산맥 또는 그 가운데의 큰 산을 가리킨다. 성경에서 종종 아름다움, 풍요(사 35:2; 렘 50:19) 등을 나타내는 산으로 묘사된다.

이 산의 모양새는 그 꼭대기가 둥글고 부드럽게 보인다고 한다. 이렇게 좋은 이미지를 가진 갈멜 산을 신부인 술람미 여인의 머리로 비유하였다. 이것은 생각과 의지를 지시하고 조절하는 우리 성도(교회)의 머리가 하나님이 기뻐하시는 좋은 생각들로, 특히 거짓된 우상을 물리치고 참되신 하나님만을 잘 섬기려는 승리의 의지로 가득 차 있다면 신랑이신 주님께서 매우 어여삐 보신다는 사실을 상징적으로 보여 준다.

"머리털은 자주 빛이 있으니 왕이 그 머리카락에 매이었구나" 술람미 여인의 머리털이 자주 빛이라 함은 그리스도께서 자신의 대속의 사역, 그 붉은 보혈의 흔적으로 반짝이는 성도(교회)의 머리털, 더 나아가 그 보혈로 변화 받아 성결해진 영혼의 모습까지 뚫어보시고 외부로 나타난 자주 빛 머리털이 심히 아름답게 보여, 신랑이신 주님께서는 여기에 이끌려 사로잡힐 정도라는 것이다. 이 경지는 신부(교회, 성도)로서도 은혜와 사랑과 행복의 절정이 아닐 수 없다.

7:6. 사랑아 네가 어찌 그리 아름다운지, 어찌 그리 화창한지 쾌락하게 하는구나

신랑으로 비유되신 그리스도께서는 성도의 아름다움에 대하여 다시 감탄사로 묘사한다. 여기서는 신체의 어느 특정한 부분만의 미를 칭송하지 않으셨다. 전체의 미를 통틀어서 표현한 말이다. 이것은 성도의 전반적인 신앙의 미, 또는 이로 인해 성화된 성결의 미라고 본다. 이 신앙의 미나 성결(또는 의)의 미는 인간의 자력으로 되는 것이 아니라 모두 하나님께로부터 받은 선물이다(엡 2:8; 롬 4:3; 5:1).

하나님께서 만물을 창조하실 때, 스스로 창조한 작품들이지만 그 창조물을 보시고 "좋았더라, 좋았더라"고 감탄하셨다. 우리 성도들 역시 그가 지닌 신앙의 미나 성결(의)의 미가 하나님이 주신 선물에 의한 것들이지만 이것이 얼마나 기쁘고 좋으신지 맑고 따뜻하고 꽃향기 날리는 봄 날씨처럼 화창하여 유쾌하고 즐겁다고 감탄하시는 것이다.

7:7. 네 키는 종려나무 같고 네 유방은 그 열매송이 같구나

"키"를 종려나무 같다고 한 것은 종려나무가 높고 곧은 것 같이, 참된 교회(성도)는 이 세상을 향하지 않고, 하나님만 향하여서 곧게 살아가는 것을 상징한다. **"네 유방은 그 열매송이 같구나"**라고 했는데 "유방"은 젖먹이를 먹여 키우는 인체 기관이다. 이는 주의 말씀의 젖으로 성도들을 양육하는 교역자를 가리키며, 이로 인해 성도들의 신앙이 더욱 자라고, 양적으로도 열매를 송이처럼 많이 맺으며, 질적으로도 성령의 열매들(갈 5:22-23)이 주렁주렁 맺히는 것을 의미한다.

7:8. 내가 말하기를 종려나무에 올라가서 그 가지를 잡으리라 하였나니 네 유방은 포도송이 같고 네 콧김은 사과

냄새 같고

"종려나무에 올라가서 그 가지를 잡으리라"고 한 것은 신랑이 신부(종려나무)를 포옹하려는 것을 가리키는데, 이는 주님께서 신부인 성도(교회)를 더 적극적으로 사랑하심을 나타낸다.

"네 유방은 포도송이 같고"란 바로 앞 구절에서 "열매송이 같구나"라고 한 것과 상통한다. 어쨌든 우리 성도(교회)는 각양 좋은 열매를 많이 맺어야 주님이 기뻐하신다.

"네 콧김은 사과 냄새 같고" "콧김"은 호흡함으로써 코로부터 나오는 숨, 숨결이다. 이는 영적 호흡 및 인격적 체취를 상징한다. 그 신부의 체취가 향기롭고 맛있는 사과 냄새 같다고 표현한다. 우리 성도의 신앙 인격이 이와 같으려면 신랑이신 주님과의 깊은 교제(기도)로 그의 인격을 닮아야 한다.

7:9. 네 입은 좋은 포도주 같을 것이니라 이 포도주는 나의 사랑하는 자를 위하여 미끄럽게 흘러 내려서 자는 자의 입으로 움직이게 하느니라

1절부터 여기까지(9절 상반)는 신부에 대한 신랑의 찬사이다.

"네 입은 좋은 포도주 같을 것이니라" 그 입의 말은 신부(성도, 교회)의 기도의 말, 복음 전파의 말씀이다. 이것이 포도주와 같이 주님께 기쁨을 가져다 주는 것을 의미한다.

"이 포도주는 나의 사랑하는 자를 위하여 미끄럽게 흘러내려서 자는 자의 입으로 움직이게 하느니라" 여기서부터(9절 하반)는 신부의 말로 본다(13절까지 이어진다). "포도주"는 십자가 대속의 복음을 가리킨다. 주님을 위해("나의 사랑하는 자를 위하여") 전파하는 복음이 잘 전달되어서("미끄럽게 흘러내려서"), 영적으로 잠자던 영혼들이 깨어 일어나 그 입으로 주 하나님을 찬양하게("자는 자의 입으로 움직이게") 된다는 의미이다.

7:10. 나는 나의 사랑하는 자에게 속하였구나 그가 나를 사모하는구나

"나는 나의 사랑하는 자에게 속하였구나" 주님께 속한 성도의 가치와 행복을 말한다. 안개와 같은 세상의 권세나, 힘 있는 자들에게 속하는 것을 사람들은 가치로 여긴다. 그러나 주님은 영원하시고, 전지전능하시고, 지극히 높으신 분으로서 전부를 다 희생해서 우리를 사랑하시니 그분에게 속하는 것은 더없는 가치와 복인 것을 감사하여 고백하는 것이다. "그리므로 시나 죽으나 우리가 주의 것이로다"(롬 14:8).

"그가 나를 사모하는구나" 주님의 대속의 희생으로 구원받은 성도로서, 그 주님의 십자가 사랑을 알고, 정결한 신부로서, 순교적 사랑으로 주님을 사랑하니 주님의 마음이 그런 충성된 성도에게 다 쏠려 있다는 말씀이다.

7:11. 나의 사랑하는 자야 우리가 함께 들로 가서 동네에서 유숙(留宿)하자

"우리가 함께" 주님의 신부인 성도가 신랑 되신 주님과 영적으로 한 몸이 되었으므로 언제나 어디서나 동행함을 의미한다.

"들로 가서 동네에서 유숙하자" 이것은 신부인 그녀(술람미)가 신혼여행을, 복잡하고 정치 냄새나는 왕궁에서보다 과거 포도원지기를 하면서 전원 생활에 익숙해진 들로 나가 잎도 피고 꽃도 피어 봄 향기의 정취를 즐기다가 시골 동네에서 유숙(민박)하며 단란한 신혼여행을 갖자는 신랑을 향한 소박한 청원이다.

이에서 우리는 영적 신랑 되신 주님과의 신령한 밀월여행은 "기도"라는 것을 잊지 말아야 한다. 다시 말해 저 신랑 신부의 신혼여행은 우리 성도가 조용한 장소를 찾아 주님과의 깊은 영적 교제를 갖는 모형이다.

7:12. 우리가 일찍이 일어나서 포도원으로 가서 포도 움이 돋았는지, 꽃술이 퍼졌는지, 석류꽃이 피었는지 보자 거기서 내가 나의 사랑을 네게 주리라

"우리가 일찍이 일어나서 포도원으로 가서" 게을러서 늦잠자는 것과는 대조적으로 일찍 일어남은 부지런함을 뜻한다. 포도원은 하나님의 교회를, 성도의 마음밭을 비유한다.

"포도 움이 돋았는지" 어린 성도는 주님을 닮아 가는 믿음이 돋아나고, 장성한 성도는 주님의 대속을 전보다 더 새롭게 깨달아 힘쓰는 면을 말한다. 그러나 믿음의 성장은 하나님께로부터 받는 은혜이다.

"꽃술이 퍼졌는지" 퍼졌는지의 의미는 열렸는지라는 말이다. 꽃이 피고, 열매가 맺는 것과 같이 구원의 열매를, 아름다운 신앙 행위가 있는지를 보자는 말씀이다. 계명을 지킬 때에 주님이 그를 사랑하시고 거처를 함께해 주시듯이 참포도나무인 주님께 붙어 있으면(함께 거하면) 신앙 생활의 열매를 많이 맺게 된다(요 14:23; 15:5).[57)]

"석류꽃이 피었는지 보자" "석류꽃"은 그 향기가 짙은 것으로 유명하다. 성도은 이처럼 믿음의 향기를 발해야 한다. 또한 이 석류꽃이 핀 후에는 그 안에 수많은 열매를 맺는 것처럼, 성도는 성령의 열매 등 많은 행위의 열매를 맺을수록 주님이 그 성도를 더욱 기뻐하신다.

"거기서 내가 나의 사랑을 네게 주리라" 이는 성도가 진실한 신앙 생활을 통하여 주님과 밀접한 사랑의 교제를 원하

---

57) 예수께서 대답하여 가라사대 사람이 나를 사랑하면 내 말을 지키리니 내 아버지께서 저를 사랑하실 것이요 우리가 저에게 와서 거처를 저와 함께 하리라(요 14:23).
나는 포도나무요 너희는 가지니 저가 내 안에, 내가 저 안에 있으면 이 사람은 과실을 많이 맺나니 나를 떠나서는 너희가 아무것도 할 수 없음이라(요 15:5).

는 신앙 고백이다. 주님과 원수가 되어 영원한 멸망 중에 있는 우리를 위해 주님이 대속 제물이 되어 주시고, 그보다 먼저 주님이 영원 전부터 우리를 택하시고 예정하사 자기의 아들들이 되게 하셨다(엡 1:4-5). 로마서 5장 10절에서 바울 사도는 이렇게 알려 준다.

> 곧 우리가 원수 되었을 때에 그 아들의 죽으심으로 말미암아 하나님으로 더불어 화목 되었은즉 화목 된 자로서는 더욱 그의 살으심을 인하여 구원을 얻을 것이니라

성도는 이처럼 받은 사랑에 감격하여서 주님을 사랑하게 된다. 주님께서는 그를 사랑한다는 성도들의 진실한 신앙 고백을 듣기를 원하신다.

7:13. 합환채(合歡菜)[58]가 향기를 토하고 우리의 문 앞에는 각양 귀한 실과가 새것, 묵은 것이 구비(具備)하였구나 내가 나의 사랑하는 자 너를 위하여 쌓아 둔 것이로구나

"합환채가 향기를 토하고" 여기 합환채는 사랑을 뜻한다. 이 합환채가 향기를 토하는 것처럼 주님을 자기의 마음과 전부를 다 드려 사랑하고도 아쉬워하는, 주님을 향한 성도의 그 신앙 행위를 말한다. 성도의 신앙 행위로 주님의 사랑이

---

58) 합환채(合歡菜) : 팔레스타인과 지중해 연안에서 자라는 가지과에 속하는 식물로 만드라크(Mandrakes)라고 불린다. 만드라크의 잎은 진한 녹색이고, 꽃은 희고 붉으며, 작은 토마토나 감, 귤 같은 노란색 열매를 맺는다. 성적 효력이 있는 일종의 최음제로서 '사랑의 과실'이라고도 불린다.

나타날 때 그것을 향기라고 표현했다.

"우리의 문 앞에는 각양 귀한 실과가" "각양 귀한 실과"는 성령의 열매를 위시한 온갖 성령의 은혜이다. 이 은혜는 주님을 섬기기 위한 것이다.

"새것, 묵은 것이 구비하였구나" 성도가 진리와 성령의 은혜로 새롭게 변화되어 이룬 성화의 열매와 과거에 주신 진리와 성령의 은혜로 성도에게 이루어져 있는 온전한 행위의 열매들을 말한다.

"내가 나의 사랑하는 자 너를 위하여 쌓아 둔 것이로구나" 이상의 각양 열매들은 주님을 위하여 준비한 것임을 의미한다.

제 8 장

"나의 사랑하는 자야 너는 빨리 달리라
향기로운 산들에게 노루와도 같고
어린 사슴과도 같아여라"
(8:14)

제 8 장 1~14절

8:1. 네가 내 어미의 젖을 먹은 오라비 같았었더면 내가 밖에서 너를 만날 때에 입을 맞추어도 나를 업신여길 자가 없었을 것이라

"네가 내 어미의 적을 먹은 오라비 같았었더면" 신부 술람미 여인의 신분은 한낱 포도원지기에 불과한 시골 출신이고, 신랑 솔로몬은 높은 왕위에 있는 신분이므로 그 격차가 하늘과 땅 차이다. 그래서 아직은 그 관계가 서먹서먹하다. 그러므로 신부의 소원은 신랑이 친정 오빠처럼 격의가 없이 다정하게 지냈으면 좋겠다는 것이다.

이의 영적 의미는, 하늘 높은 보좌에 계시던 주님이 육신의 몸을 입고(도성인신-각주 9번 참조) 이 땅에 오시기 전의 구약 교회 성도들의 예언적 소원이 이러하였다는 것이다. 즉 주님의 도성인신 전의 구약 교회 성도들의 처지는, 자신들은 죄와 허물로 더럽혀져 보잘것없는 죄인의 신분이고 주님께서는 높은 보좌의 왕위에 계시니 소통이 불가했던 것이다. 그러나 주님께서 육신을 입고 이 땅에 오심으로써, 그리고 대속의 사역으로 그 피 공로를 믿는 자들에게 입혀 주심으로 말미암아 이제는 다정한 오빠처럼 된 것이다. 이것은 구약 교회가 소원하던 바가 실현된 신약 교회의 현실인 것이다.

"내가 밖에서 너를 만날 때에 입을 맞추어도 나를 업신여길 자가 없었을 것이라" 이제는 주님의 대속으로 깨끗케 되었기 때문에 주님과 입 맞추는 사랑을 하여도 하나님의 거룩하심과 공의의 법에도 합당하고, 모든 존재들 앞에서도 떳떳하기에 그 누구도 업신여기지 못하게 된 것이다.

8:2. 내가 너를 이끌어 내 어미 집에 들이고 네게서 교훈을 받았으리라 나는 향기로운 술 곧 석류즙으로 네게 마시웠겠고

"내가 너를 이끌어" 그리스도의 십자가의 희생의 공로로 성도는 주님을 "이끌어" 교제할 수 있는 자격을 받았다. 도성인신하시고 사활 대속의 사랑을 깨달아 주님에게 자기의 전부를 다 기울이는 자라야, 주님의 마음이 그 성도에게 기울어지고, 끌리게 된다.

"내 어미 집에 들이고 네게서 교훈을 받았으리라" 이것은 택한 자를 중생시키고 양육하여 믿음을 성장시키는 집, 즉 참된 교회로 주님을 모셔 들여 그로부터 진리의 교훈을 받고 싶은 의지를 가리킨다(계 3:20).[59]

---

59) 볼지어다 내가 문밖에 서서 두드리노니 누구든지 내 음성을 듣고 문을 열면 내가 그에게로 들어가 그로 더불어 먹고 그는 나로 더불어 먹으리라(계 3:20).

"나는 향기로운 술 곧 석류즙으로 네게(주님에게) 마시웠겠고" 성도가 하나님의 말씀(교훈)을 받아 많은 열매(순종, 봉사 등 신앙 행위)를 맺음으로, 향기롭고 맛있는 석류즙처럼 주님을 기쁘시게 해 드림에 대한 비유이다(행 16:14).[60)]

8:3. 너는 왼손으론 내 머리에 베개 하고 오른손으론 나를 안았었으리라

2절에 언급된 행위를 하면 3절에 기록된 은혜를 베풀어 주신다(2장 6절 해설 참조).

8:4. 예루살렘 여자들아 내가 너희에게 부탁한다 나의 사랑하는 자가 원하기 전에는 흔들지 말며 깨우지 말지니라

(2장 7절 해설 참조)

8:5. 그 사랑하는 자를 의지하고 거친 들에서 올라오는 여자가 누구인고 너를 인하여 네 어미가 신고(辛苦)[61)]한, 너를 낳은 자가 애쓴 그곳 사과나무 아래서 내가 너를 깨웠노라

"그 사랑하는 자를 의지하고" 이것은 성도가 말씀의 참된 사실과 전지전능과 진실한 사랑 깨닫고 주님을 의지하는 믿

---

60) 두아디라 성의 자주 장사로서 하나님을 공경하는 루디아라 하는 한 여자가 들었는데 주께서 그 마음을 열어 바울의 말을 청종하게 하신지라(행 16:14).
61) 신고(辛苦) : 몹시 애를 씀.

음을 의미한다.

"거친 들에서 올라오는 여자가 누구인고" 짐승과 그의 우상과 그의 이름의 수가 가득한 세상, 맹수같이 잔혹하고 사이비한 미혹이 가득 차서 성도를 해하는 것밖에 없는 무의무탁하고 고독한 세상에 신앙의 정조를 지키며 주님을 의지함으로 이기고 하늘나라를 향해 주님께로 올라오는 성도의 아름다움을 주님이 칭송하시는 것이다. 요한일서 5장 4절에는 이 세상을 이기는 힘은 믿음이라고 하였다.

> 대저 하나님께로서 난 자마다 세상을 이기느니라 세상을 이긴 이김은 이것이니 우리의 믿음이니라

"너를 인하여 네 어미가 신고한" 성도(너)를 구속하기 위해 어미 된 교회가 산고와 같은 고통을 치르는 사실을 가리킨다.

"너를 낳은 자가 애쓴 그곳" 이것도 참된 교회와 그 중차대한 사역을 가리킨다. 교회는 아직 부르심을 받지 못한 이들에게 복음을 증거함으로 예수를 믿게 하여 하나님의 자녀가 되게 하는 사명을 감당해야 하는 것이다.

교회가 중생되지 않은 택자들을 주님께로 초청하여 예수를 믿게 하고 그들의 믿음을 성장시키기 위하여 어려움을 당하고 힘쓴 곳이란 말이다. 어떻게 교회가 애를 쓰는가? 요한복음 5장 25절의 말씀과 같이 성도를 살리고 장성케 하려고 사활 대속의 복음을 전하는데 애를 써야 한다.

진실로 진실로 너희에게 이르노니 죽은 자들이 하나님의 아들의 음성을 들을 때가 오나니 곧 이때라 듣는 자는 살아나리라

"사과나무 아래서 내가 너를 깨웠노라" "사과나무, 내가"는 우리 주 예수 그리스도를 지칭하며, "너"는 성도이다. "너를 깨웠노라"고 하심은 허물과 죄로 죽었던 인생이[62] 예수 그리스도의 사활 대속의 복음을 듣고서 중생함을 가리킨다. 또한 중생은 되었지만 믿음의 잠자는 성도에게 주님의 피 공로의 은혜와 진리와 성령으로 신앙의 잠에서 깨어나게 함을 포함한 뜻이다.

8:6. 너는 나를 인(印)같이 마음에 품고 도장같이 팔에 두라 사랑은 죽음같이 강하고 투기(妬忌)[63]는 음부같이 잔혹하며 불같이 일어나니 그 기세가 여호와의 불과 같으니라

"너는 나를 인같이 마음에 품고 도장같이 팔에 두라"

여기의 "너"는 솔로몬 곧 주님이고, "나"는 술람미 곧 성도를 지칭한다. 그러므로 술람미가 솔로몬을 향한 말로서 이는 곧 성도가 주님을 향한 요청을 비유한 말이다. 말하자면 주님과 밀접한 성도가 주님께 소원을 아뢰는 것이다. 인이나 도장은 옛날 이스라엘 사회에서 증거의 도구인 귀중품으로 간주

---

62) 너희의 허물과 죄로 죽었던 너희를 살리셨도다(엡 2:1).
63) 투기(妬忌) : 강한 질투.

되었던 것으로서 그 소유자가 그것을 가슴에 품어 보관하였으며, 또 오른손에 건사하기도 하였다(렘 22:24).[64] 그러므로 이 구절은 성도가 주님을 향하여 주님의 가장 깊은 사랑을 요구하는 말이다.

우리를 언제나 주님 안에 품어 보호하시고, 인도하시며, 주님의 모든 행사에 항상 우리와 함께해 주시고, 교제하여 주시기를 소원해서 하는 말이다. 주님은 그 택한 백성을 위하여 죽기까지 사랑하셨다. 그러면 어떻게 해야 그렇게 될 수 있겠는가?

7절 하반절 말씀과 같이 주님의 사랑의 가치를 바로 알고, 5절 말씀과 같이 그 사랑하는 자를(주님을) 의지하고 거친 들에서 올라오는 여자가(성도가) 되고, 2절 상반절 말씀과 같이 주님에게 자기의 마음을 다 쏟아 기울인다면 주님의 마음이 이런 성도에게 기울어져서 그 성도에게 이끌리게 되실 것이다.

"사랑은 죽음같이 강하고" 우리 성도들에게 대한 주님의 사랑을 어떤 사망의 세력도 막을 수 없다는 것이다. 그 실상의 사건이 바로 주님이 십자가에 못 박혀 죽으시기까지 우리를 사랑하신 것이다. 그러므로 우리도 마땅히 주님을 우리의 생명을 다해서 사랑해야 된다.

"투기는 음부같이 잔혹하며" 투기란 뜨거운 사랑이란 말이다. 주님은 질투하는 하나님으로 우리에게 대한 사랑이 아주

---

64) 나 여호와가 말하노라 나의 삶으로 맹세하노니 유다 왕 여호야김의 아들 너 고니야가 나의 오른손의 인장반지라 할지라도 내가 빼어(렘 22:24).

맹렬하시다(제 2 계명 참조). 이 뜨거운 사랑은 음부와 같이 주님의 사랑의 대상인 성도를 붙잡고 놓지 않으신다.

"불같이 일어나니 그 기세가 여호와의 불과 같으니라" 주님의 성도에 대한 사랑을 어떤 것도 막을 수 없는 것을 가리킨다. 여호와의 불(진노)을 누구라도 막을 수 없는 것과 같다.

8:7. 이 사랑은 많은 물이 꺼치지 못하겠고[65] 홍수라도 엄몰(淹沒)[66]하지 못하나니 사람이 그 온 가산을 다 주고 사랑과 바꾸려 할지라도 오히려 멸시를 받으리라

이 7절은 술람미 여인의 말로서 이를 개괄하면, 성도에게 대한 주님의 사랑이 영원 불변하다는 것이며, 그 무엇과도 바꿀 수 없는 가치가 있다는 것이다.

"이 사랑은 많은 물이 꺼치지 못하겠고 홍수라도 엄몰하지 못하나니" 여기 물은 세상 미혹을 비유하고 홍수는 환난을 비유한다. 세상 미혹과 환난 때문에 성도의 주님에게 대한 사랑은 약해지는 경우가 많지만 택한 백성에게 대한 주님의 사랑은 그런 세력 때문에 조금도 약해지지 아니한다는 말이다. 이와 같이 주님의 사랑이 우리의 행위에 따라 변하지 않고, 영원 불변하시기 때문에 주님에게 대한 성도의 사랑도 영원해야 된다.

---

65) 꺼치지 못하겠고 : 끄지 못하겠고.
66) 엄몰(淹沒) : 물속에 가라앉음, 휩씀, 덮침.

"사람이 그 온 가산을 다 주고 사랑과 바꾸려 할지라도 오히려 멸시를 받으리라" 주님의 크신 사랑은 온 가산보다 귀하니 성도가 가산 때문에 주님을 버릴 수 없다. 이렇게 주님의 사랑의 가치가 지극히 크다는 것이다.

8:8. 우리에게 있는 작은 누이는 아직도 유방이 없구나 그가 청혼함을 받는 날에는 우리가 그를 위하여 무엇을 할꼬

"우리에게 있는 작은 누이는" 여기의 "우리"는 술람미 여인의 오빠들을 가리킨다. "작은 누이"란 술람미가 아직 왕을 만나기 전 어릴 때 오빠들이 부른 호칭이다. 하나님을 아직 잘 모르는 믿음이 어린 성도를 "작은 누이"로 비유하여 말한다. "우리" 곧 오빠들은 믿음이 어린 성도를 주님의 순결한 아내가 되도록 인도할 책임을 가진 장성한 성도(신앙 지도자, 신앙 선배)를 가리킨다.

"아직도 유방이 없구나" 아직 믿음과 진리의 실력이 없어서 영적으로 어리기 때문에 믿음의 자녀를 낳아 말씀의 젖으로 먹일 만한 처지가 못 된다는 것을 비유한다.

"그가 청혼함을 받는 날에는 우리가 그를 위하여 무엇을 할꼬" 성도가 현실에서 주님과 결합되는 구원의 열매를 맺는 때에, 신앙 선배 지도자가 믿음 어린 연약한 성도를 잘 보호하여 마귀에게 유혹 받지 않도록 하여 성화 구원을 잘 이루도록 도와야 한다는 것이다.

8:9. 그가 성벽(城壁)일진대 우리는 은망대(銀望臺)를 그 위에 세울 것이요 그가 문일진대 우리는 백향목 판자로 두르리라

"그가 성벽일진대 우리는" 여기서 "그"도 역시 작은 누이요 "우리"는 그의 오빠들이다.

"성벽"이란 말은 무슨 뜻인가? 성벽은 견고한 방어를 비유하는데, 세상의 죄악의 세력에 침노를 받아도 해를 받지 않고, 신앙의 정결(또는 정조)을 지키는 성도(교회)의 강력하고 견고한 방어의 신앙 인격을 의미한다.

"은망대를 그 위에 세울 것이요"라는 비유의 말씀의 뜻은 성도가 성벽과 같이 주님에게 대한 믿음의 지조를 파수할 경우에, 신앙 지도자 선배는 믿음이 어린 성도를 위하여 망대같이 원수 마귀의 궤계를 미리 잘 살펴 원수 마귀가 해치지 못하도록 지켜 주겠다는 뜻이다.

"그가 문일진대 우리는 백향목 판자로 두르리라" "문"은 "성벽", "망대", "백향목 판자" 등의 방비용 설치물에 비해 나약하다. 그러므로 "그가 문일진대"란 "작은 누이"의 나약성, 즉 아직 그 받은 은혜와 진리를 잘 지키지 못하는 연약한 어린 초신자의 믿음 상태를 비유한다. 이런 어리고 연약한 성도를 "우리" 곧 오빠들인 신앙 지도자가 백향목 판자로 두르듯이 진리와 영감으로 교육하여 대속을 더욱 깨닫고 믿게 하여 대속을 어떤 현실에서라도 벗지 않는 자가 되도록 해서 그 받은 은혜를 빼앗기지 않게 지켜 주겠다는 것이다. 이것은 은혜를 받아 보존하는 자에게 더 큰 은혜를 주시는 천국의 법칙대로 되는 일이다.

8:10. 나는 성벽이요 나의 유방은 망대 같으니 그러므로 나는 그의 보기에 화평을 얻은 자 같구나

"나는 성벽이요" 믿음이 어린 성도가 도움을 입어 하나님의 말씀을 성벽같이 잘 지킬 수 있는 자로 믿음이 자랐다는 말이다.

"나의 유방은 망대 같으니"란, 전에는 유방이 없었던, 즉 진리가 없고 영감이 없어 믿음의 자녀를 낳을 수도 없고, 먹여 키울 수도 없는 자이었는데, 신앙 지도자들의 도움으로 믿음이 자라고, 진리와 영감이 충만하여 이제는 믿음의 자녀를 낳고 양육할 수 있을 뿐 아니라, 더 자라서 망대와 같이 원수 마귀의 궤계를 잘 구별하며 물리칠 수 있는 자가 되었다는 것이다.

"그러므로 나는 그의 보기에 화평을 얻은 자 같구나" 이렇게 영적으로 안전하게 방어되고 있는 성도에게는 화평이 있다.

8:11. 솔로몬이 바알하몬에 포도원이 있어 지키는 자들에게 맡겨 두고 그들로 각기 그 실과를 인하여서 은 일천을 바치게 하였구나

이 내용은, 솔로몬이 자기 소유의 포도원을 소작인들에게 빌려 주고 그 소작료(은 일천 개)를 받도록 했다는 것이다.

이 비유의 영적 의미는, **"솔로몬"**은 주님을 비유하고, **"바알하몬"**은 포도 특산지이며 그곳의 **"포도원"**은 주님의 목적이요, 성화 구원의 열매를 맺는 세상 현실, 또는 교회를 비유한다. 그리고 **"지키는 자들"**은 성도들, 또는 교회의 교역자들을 비유하고, **"은 일천을 바치게 하였구나"**라고 함은 성도들이 주님의 심판 때에 성화 구원을 이룬 대로 주님 앞에서 회계를 할 것을 비유한 것이다.

8:12. 솔로몬 너는 일천을 얻겠고 실과 지키는 자도 이백을 얻으려니와 내게 속한 내 포도원은 내 앞에 있구나

"솔로몬 너는 일천을 얻겠고" 포도원의 주인이신 주님께서 성도들로 인하여 영광을 많이 받으시는 것을 비유한 것이다.

"실과 지키는 자도 이백을 얻으려니와" "지키는 자"를 앞 구절에서 교역자라고 했는데 이들도 주님의 포도원을 위한 수고대로 그 보상(칭찬과 상급/ 마 25장 달란트 비유 참조)을 하나님께로부터 받게 됨을 비유한다.

"내게 속한 내 포도원은 내 앞에 있구나" 술람미가 말한 자기의 포도원이란 무엇일까? 자기가 과거 포도원지기로 일했던 그 보상으로 오라비들로부터 받은 포도원인지, 남편인 솔로몬으로부터 받은 포도원인지는 알 수 없으나 분명코 자기

앞으로 된 몫(포도원)이 있었을 것이다. 이의 영적 의미는, 우리 모두는 하나님께로부터 받은 고유한 포도원이 있다. 그것은 각자의 생명, 인격, 성화, 구원 등의 영적 축복, 재능, 재산 등등 모든 삶 전체이다. 그러므로 우리가 사나 죽으나 주의 것이며(롬 14:8), 먹든지 마시든지 무엇을 하든지 다 하나님의 영광을 위해 하여야 한다(고전 10:31).

8:13. 너 동산에 거한 자야 동무들이 네 소리에 귀를 기울이니 나로 듣게 하려무나

"너 동산에 거한 자야" 여기의 "동산"은 앞에서 언급한 "포도원"과 같은 의미이다. 주님이 만들어 주신 현실에서 주님과 교제를 하고 있는 성도야 라고 호칭하는 말이다.

"동무들이" 이는 하나님의 뜻대로 하는 형제자매 같은 자(마 12:50), 삶의 목적과 마음과 뜻이 하나님의 영광을 위한 초점에 일치하는 신앙의 동지들을 가리킨다.

"네 소리에 귀를 기울이니 나로 듣게 하려무나" 신랑 되신 주님은 신부인 술람미 여인과 같이 주님과 긴밀한 관계를 가진 성도가 주님에게 대한 긴밀한 사랑의 내화의 기도를 듣고 싶어 하시고, 또 주님을 사랑하는 성도가 주님의 측량할 수 없는 무한하신 대속 사랑의 은혜를 찬송하는 소리들을 주님은 듣고 기뻐하신다. 이에 신랑은 신부의 목소리를 듣기 원한다고 말한다. 주님은 우리의 진심 어린 예배를 원하시고, 그분은 우리의 찬송을 원하시고 우리의 신앙 고백과 복음 전파의 목소리를 기뻐하신다.

8:14. 나의 사랑하는 자야 너는 빨리 달리라 향기로운 산들에서 노루와도 같고 어린 사슴과도 같아여라

"나의 사랑하는 자야 너는 빨리 달리라" 주님께서 빨리 내게 오시기를 탄원하며, 주님의 재림을 재촉하는 말이다. 요한계시록 22장 20절에 보면 "이것들을 증거하신 이가 가라사대 내가 진실로 속히 오리라 하시거늘 아멘 주 예수여 오시옵소서"라고 했다.

"향기로운 산들에서" 성결한 하나님의 나라, 신천신지의 모습을 비유하며, 또한 우리를 대속하신 주님의 사랑이 높고 큰 것을 말한다.

"노루와도 같고 어린 사슴과도 같아여라" 이 말씀은 본문 초두에 "빨리 달리라"는 말씀에 연결되어 있다. 즉 하나님의 나라, 신천신지가 성취되도록 주님께서 이 노루, 사슴과도 같이 빨리 재림해 주실 것을 재삼 재촉하는 말씀이다. 즉 주님의 대속 사랑의 높고 큼을 깨닫고 감격하여 생명과 소유를 다 바쳐 주님을 사랑하는 성도들을 기뻐하셔서 떠나지 아니하시고 같이 동행하는 면을 말한다.